Barbara und Hans Otzen

DAS KARTOFFELBUCH

Geschichte und Geschichten
Alte und neue Rezepte

Impressum

HEEL Verlag GmbH
Gut Pottscheidt
53639 Königswinter
Tel.: 02223 9230-0
Fax: 02223 923026
E-Mail: info@heel-verlag.de
Internet: www.heel-verlag.de

© 2005 Heel Verlag GmbH

Verantwortlich für den Inhalt: Barbara und Hans Otzen

Lektorat: Marcus Reckewitz, Bonn
Satz und Gestaltung: Grafikbüro Schumacher, Königswinter
Lithografie: Petra Hammermann, Collibri PrePress GmbH
Druck: STIGE S.p.A., San Mauro (TO), Italien

Printed in Italy

ISBN 3-89880-432-1

Barbara und Hans Otzen

Das Kartoffelbuch

Geschichte und Geschichten
Alte und neue Rezepte

HEEL

HISTORISCHE REZEPTE

38   Chuño Lawa / Carapulcra

43   Papas arrugadas

54   Rösti / Apfelrösti

60   Minuten-Kalbsschnitzel mit Rosmarin-Bratkartoffeln

63   Labskaus

68   Gebackener Fisch mit Pommes Frites (Fish'n chips)

74   Potage Parmentier à la vichysoise

79   Rumford-Suppe

86   Irish Stew

91   Kartoffeln mit Stippe

100   Pfälzer Saumagen / Saumagen mit Sauerkraut

106   Papas à la Huancaina

Inhalt

8 EINLEITUNG

11 Die erste deutsche Kartoffel

14 Das Innenleben der Kartoffeln

20 Die Herkunft der Kartoffeln

— *Warum die Kartoffel auch der Kartoffel heißt*

26 DIE KULTURGESCHICHTE DER KARTOFFEL

32 Chuño – Was schon die Inkas aus Kartoffeln machten

44 Die Kartoffelkunst der Andenindianer

50 Erdtepffel – Das erste deutsche Kartoffelgericht

56 Tarthopholi – Die Bratkartoffeln des Landgrafen Wilhelm IV. von Hessen-Cassel

— *Die Kartoffeln und der Zehnt*

— *Kartoffeln im Universal Lexikon (1733)*

61 Labskaus – Wie Kartoffeln schwimmen lernen

65 Fish'n chips – Wie Kartoffeln nach England kamen

69 Kartoffeln à la Parmentier – Wie Kartoffeln nach Frankreich kamen

— *Der Kartoffelkrieg*

76 Rumford-Suppe – Die Speisung der Armen

— *Günter Grass und sein Butt - Wie die Gesindeköchin Amanda Woyke Graf Rumford den Kartoffelbau beibrachte*

— *94 Arbeitstage für 39 Zentner Kartoffeln*

82 Irish Stew – Wie Kartoffeln ein ganzes Land ruinierten

88 Kartoffeln mit Stippe – Der Kartoffelalltag in Pommern

92 Blutwurstkartoffeln – Not macht erfinderisch

— *Vincent van Gogh und die Kartoffeln*

103 Papas à la Huancayo – Kartoffeln für die Dritte Welt

108 Kartoffeln mit Kaviar – Kartoffeln kulinarisch

114 DIE KARTOFFEL-SORTEN

114 Die ganze Vielfalt der Knolle

115 Deutsche Kartoffelsorten

122 NEUE KARTOFFEL-REZEPTE

122 Rezeptteil

174 Register

Kartoffellied

Matthias Claudius (1740-1815)

Pasteten hin, Pasteten her,
Was kümmern uns Pasteten!
Die Schüssel hier ist auch nicht leer
Und schmeckt so gut,
als aus dem Meer
Die Austern und Lampreten.

Und viel Pastet'
und Leckerbrod
Verderben Blut und Magen.
Die Köche kochen
lauter Noth,
Sie kochen uns
viel eher todt;
Ihr Herren, laßt euch sagen!

Schön röthlich
die Kartoffeln sind
und weiß, wie Alabaster,
Verdaun'n sich lieblich
und geschwind
Und sind für Mann und Frau und Kind
Ein rechtes Magenpflaster.

Holzschnitt „Kartoffelessen" nach einer Zeichnung von Ludwig Richter mit der ersten Strophe des berühmten Kartoffelgedichts von Mathias Claudius

II.
Serpillum citratum.

I.
Papas Peruanorum.

III.
Thymus vulgatis.

Papas Peruanorum, Kartoffelstich aus: Basilius Besler, Hortus Eystettensis, Erstausgabe 1613

Einleitung

Taratoufli à Philippe de Sivry
acceptum Viennae 26. Januarii
1588
Papas Peruanum Petri Cieca.

Am 26. Januar 1588
quittierte der Botaniker
Carolus Clusius den Er-
halt von Kartoffelknol-
len in Wien

Am 26. Januar des Jahres 1588 griff der Botaniker Carolus Clusius zu Federkiel und Tinte und quittierte den Erhalt einiger Kartoffelknollen mit dem folgenden Vermerk:

Taratoufli à Phillip de Sivry
acceptum Vienna 26 Januarii 1588
Papas Peruänum – Petri Ciecae

Auch wenn bereits knapp hundert Jahre zuvor Amerika entdeckt worden war, so hatte Europa doch Schwierigkeiten, die vielfältigen Eindrücke, die vom Neuen Kontinent auf die Alte Welt einprasselten, zu verkraften. Noch nie zuvor gesehene Tiere und Pflanzen weckten die Neugierde der Menschen. Bei den Kartoffelknollen konnte man noch sogar eine Ähnlichkeit zu den allseits bekannten und geschätzten, wertvollen Trüffeln feststellen – *tartufolo* heißt auf Italienisch „Trüffel". Und jener in der Quittung genannte Phillip de Sivry hatte seinerseits die Kartoffeln über einen Kardinal vom päpstlichen Hof aus Italien erhalten.

Die erste deutsche Kartoffel

Die südamerikanische Herkunft der Kartoffel war dem Botaniker Clusius natürlich bekannt, wie auch aus seinem Verweis auf Peru in der von ihm ausgestellten Quittung hervorgeht. Bedeutsam an der Quittung ist auch die Erwähnung des Namens Petri Ciecae – gemeint ist damit Pedro Cieza de León, der Chronist des spanischen Eroberers Francisco Pizarro, der 1533 mit der Eroberung von Cuzco das Inka-Reich überrannt hatte. Und das Wort *papa* ist nicht nur die spanische Bezeichnung für den Papst, sondern auch der indianische Begriff aus der Ketschua-Sprache – der Staatssprache der Inkas – für Kartoffeln. Ob Clusius dieses allerdings wusste, mag dahingestellt bleiben.

Die von Clusius ausgestellte Quittung ist also in mehrfacher Hinsicht von Interesse für die Kulturgeschichte der Kartoffel. Sie gibt zum einen Auskunft darüber, wann die erste Kartoffel deutschen Boden erreicht hat – Clusius war zu Beginn des Jahres 1588 noch Leiter des Kaiserlichen Botanischen Gartens in Wien, was er auch mit der Quittung zum Ausdruck bringt. Die

Quittung selbst ist in der Form eines Aquarells gehalten. Es zeigt einen Kartoffelzweig mit Blättern, Blüten und Früchten sowie zwei Kartoffelknollen – und dürfte die früheste bekannte europäische Kartoffeldarstellung sein.

Auch war es kein Zufall, dass ausgerechnet Clusius diese Kartoffelknollen erhielt – er war nämlich einer der berühmtesten Botaniker seiner Zeit und einer der Begründer der modernen beschreibenden Pflanzenkunde. Sein eigentlicher Name war Charles de L'Écluse.

Clusius – ein Botanikerschicksal seiner Zeit

Clusius wurde am 19. Februar 1526 in Arras geboren. Er studierte an der Universität von Montpellier, wo er neben Guillaume Rondelet auf viele weitere der bekannten Botaniker seiner Epoche traf. Doch die religiösen Auseinander-

setzungen in Frankreich, die 1572 in der Bartholomäusnacht ihren Höhepunkt fanden, zwangen ihn als Protestanten, das Land zu verlassen. Teuer musste er für die Konfession seiner Familie bezahlen – immer in Geldnöten, weil das Vermögen der Familie konfisziert worden war, reiste er durch Europa und strapazierte dabei seine Gesundheit. Doch er nutzte jede Gelegenheit, um sein ohnehin schon umfangreiches Wissen zu erweitern. Gleichzeitig baute er vielfältige Kontakte auf. Auch lernte er im Laufe der Jahre die wichtigsten europäischen Sprachen, so dass er seinen Lebensunterhalt teilweise mit Übersetzungen finanzieren konnte.

Im Frühjahr des Jahres 1588 übersiedelte Clusius von Wien nach Frankfurt. In den Bürgermeisterprotokollen der Stadt ist er unter dem Datum vom 15. April als *Carolus Clusius, des Kaiser Maximilian horti inspectorus,* als Leiter des Botanischen Gartens, vermerkt.

Hier in Frankfurt hat Clusius dann im gleichen Frühjahr auch die ersten Kartoffeln in deutschen Boden gepflanzt, denn wir wissen, dass er aus der folgenden Herbsternte einigen seiner Botanikerkollegen in Europa Knollen und Samen zukommen ließ.

Nach seiner Frankfurter Zeit nahm Clusius eine Professur in Leiden an, wo er sein botanisches Hauptwerk *Rariorum plantarum historia* über die Geschichte seltener Pflanzen verfasste, das im Jahre 1601 erschien – und natürlich beschrieb er die Kartoffel darin. Im Übrigen trug er in Holland entscheidend dazu bei, dass sich hier die Blumenzwiebelzucht zu einem einträglichen Geschäftszweig entwickelte.

Die Kartoffeln des Clusius

Clusius beschreibt die Kartoffel als Wurzel einer neuen Knolle, die erst seit einigen Jahren in Europa bekannt sei und essbar sei. Sie solle in der Antike unbekannt gewesen sein. Und er sagt weiter: Aus der Knolle, die bei uns nicht früher als im April gesetzt wird, entsprießen einige Tage nach der Aussaat Blätter, die schwarz, lila und behaart sind, und wenn sie sich öffnen, später eine graue Farbe annehmen. Fünf, sieben oder mehr Blätter wachsen an einem Ast

und sind nicht sehr unterschiedlich von den Blättern des Meerrettichs, immer in ungeraden Zahlen angeordnet mit kleinen Blättern in der Mitte. Der Stil der Pflanze, der so dick ist wie ein Daumen, ist winklig, wollhaarig, fünf oder sechs Maß (= Ellen) lang, hat viele Füßlinge und ist in viele Seitenzweige unterteilt. Aus den Achsen der dicken Seitenzweige treten winklige Stängel hervor, etwa einen Fuß lang, die zwölf oder mehr elegante Blumen tragen, die einen Durchmesser von einem Zoll (= 2,5 cm) und etwas mehr haben. Ihre Farbe ist weiß bis lila, und aus ihnen entwickeln sich Früchte mit zahlreichen kleinen Samen. Wenn man die Pflanze nach dem ersten Frost etwa im Monat November ausgräbt, so findet man mit den Wurzeln verbunden eine verschiedene Anzahl von Knollen ungleicher Form, die mit Augen versehen sind, aus denen im folgenden Jahr Triebe entsprießen. Die Schale der Knollen ist rötlich bis lila, das Fleisch ist fest und weiß.

Weiterhin führt Clusius aus, dass die Vermehrung dieser Pflanzenart nur über ihre Knolle zu erwarten sei. Er habe nie Experimente gemacht, die Pflanze aus Samen zu ziehen. Aber er wisse von anderen, die Kartoffeln über Samen vermehrt hätten, dass diese Pflanzen andersfarbig geblüht hätten als die Mutterpflanze.

Briefmarke 350 Jahre Kartoffelanbau

Wildkartoffelpflanze
Solanum buslcasovii,
Standort bei Cuzco in
3800 Metern Höhe

Das Innenleben der Kartoffel

Genauso wie Zucker und Salz oder wie Weizen und Reis hat auch die Kartoffel Weltgeschichte geschrieben. Ihre Knollen stellten im Inka-Reich die wichtigste Ernährungsgrundlage dar. Im 18. und 19. Jahrhundert haben Kartoffeln die Menschen in weiten Teilen Europas vor dem Verhungern gerettet. Missernten führten umgekehrt allerdings auch zu großen Hungerkatastrophen. Heute könnten Kartoffeln einen viel größeren Beitrag zur Nahrungsmittelversorgung der hungernden Menschen in den armen Ländern dieser Erde leisten.

In den wohlhabenden Ländern weiß man um den Wert der Kartoffel, besser gesagt: man hat den Wert der Kartoffel wiederentdeckt und schätzt sie mittlerweile sogar als Delikatesse. Zuvor waren bei uns die Kartoffelknollen lange als „Dickmacher" verschrien. Wir wissen jedoch inzwischen, dass nicht die Kartoffeln für die Ge-

wichtszunahme verantwortlich waren und sind, allenthalben aber die häufig allzu zu mächtigen Saucen, die – über die Kartoffeln gegossen – als Kalorienbomben den Hüftspeck verursachen. Die Kartoffel erlebt also seit geraumer Zeit eine Renaissance, und das wohl ganz zurecht: Denn wem läuft im Frühjahr nicht das Wasser im Munde zusammen bei dem Gedanken an frischen Spargel mit neuen Kartoffeln und zartem Schinken – über allem ein wenig zerlassene Butter mit fein gehackter gekräuselter Petersilie bestreut!

Kartoffeln – botanisch

Kartoffeln zählen zu den Nachtschattengewächsen, von denen es 2000 verschiedene Arten gibt. Etwa 200 davon sind Knollen tragend. Wissenschaftlich handelt es sich bei unserer Kulturkar-

Blühende Wildkartoffeln in den Hochanden

toffel „unter geeigneten photoperiodischen und klimatischen Bedingungen um eine Staude, d.h. sie legt unterirdische Speicherorgane an, aus denen sie sich zu Beginn der folgenden Vegetationsperiode erneuert". Im botanischen Sinne ist die Kartoffelknolle also keine Frucht, sondern eine stark entwickelte, unterirdische Sprossverdickung. Hier werden die Reservestoffe für den Austrieb im nächsten Jahr gespeichert. Die Knolle ist also ein vegetatives, ungeschlechtliches Vermehrungsorgan. Bei den an jeder Kartoffelknolle sichtbaren Vertiefungen, den „Augen", handelt es sich um Seitenknospen, aus denen die Keime als Triebe der neuen Pflanzen austreiben. Die Kartoffelpflanze selbst wird fünfzig bis achtzig Zentimeter hoch, hat an mehreren Stängeln dunkelgrünes, glattes bis gefiedertes Laubwerk und blüht in ihrer ursprünglichen Erscheinungsform weiß, blau oder rosa bis violett in Blumenkronen mit sattgelben Staubbeuteln.

Wildkartoffelblüten

Doch schon als die Europäer in die Anden kamen, handelte es sich bei den Kartoffeln, die von den Inkas angebaut wurden, nicht mehr um ursprüngliche Wildarten. Die Andenindianer hatten bereits über 2000 Jahre Pflanzenzüchtung betrieben. Nach gezielten Ausleseverfahren konzentrierten sie sich auf diejenigen Kartoffelpflanzen, die ihnen den höchsten Knollenertrag versprachen. Sicher ist, dass sie sich dabei gleichfalls der vegetativen Vermehrung bedienten, und so schon in präkolumbischer Zeit (die Zeit vor der Entdeckung und Eroberung durch Europäer) Kulturkartoffeln entwickelten, deren Blüten bereits früh zu verkümmern begannen.

Diesen Weg der Auslese der Kulturkartoffeln nach ihrem Knollenertrag haben die Europäer konsequent weiterbeschritten. Und in dem Maße, wie der Ertrag der Knollen zunahm, verkümmerten ihre Blüten immer weiter. Die weltweit am meisten verbreitete Kulturkartoffel *Solanum tuberosum,* die bei uns ausschließlich angebaut wird, hat nur noch unscheinbare Blüten im Verhältnis zu denen, die die Wildkartoffelarten und -sorten in den Anden hervorbringen. Clusius kannte nur die eine Sorte der Andenkartoffel, deren Knollen ihm 1588 überreicht worden waren, und das, was sie als andine Kulturkartoffeln an Blütenpracht hervorbrachten, muss ihn über alle Maßen begeistert haben. Und so wird es auch verständlich, dass das Interesse an den ersten Kartoffeln, die im 16. Jahrhundert in Europa auftauchten, zunächst ihren Blüten galt, und dass es diese Blüten waren. die die Kartoffelpflanze zur botanischen Kuriosität machten!

Die „Dolle Knolle"

Die ernährungsphysiologische Bedeutung der Kartoffelknolle, die den indianischen Hochkulturen in den Anden über Jahrtausende voll bewusst war, erkannte man in Europa erst im Zuge der Hungersnöte des 18. Jahrhunderts. Doch dann breitete sich der Kartoffelanbau rapide aus. Seither hat sich die Kartoffel vor allem in den gemäßigten Breiten Europas zum Volksnahrungsmittel entwickelt. In manchen Teilen Europas wurde sie fast schon in Monokultur angebaut. Dies war vor allem im beginnenden 19. Jahrhundert in Irland der Fall. Als dann in ganz Europa die Kartoffelfäule ausbrach, eine verheerende Pilzerkrankung der Kartoffel, die die gesamte Ernte vernichtete, waren die Auswirkungen in Irland am härtesten.

Die Kartoffelknolle ist je nach Kartoffelart und -sorte von sehr unterschiedlicher Gestalt. Die Knollen der überwiegend in Mitteleuropa angebauten Sorten sind im Durchschnitt fünf bis acht Zentimeter groß, rundlich, länglich oval oder leicht nierenförmig. Unter den Kartoffelknollen der Anden gibt es rote, braune, gelbe, fast schwarze, längliche, gedrechselte, ovale, dicke, dünne – fast alle Formen und Farben, die man sich vorstellen kann.

In anatomischer Hinsicht lässt sich die Kartoffelknolle in eine Reihe aufeinander folgender Schichten aufteilen. Die äußere Umhüllung der

Andine Kartoffelknollen

Knollen, die Schale, besteht aus einer Schicht verkorkter Zellen, die die Knolle vor Feuchtigkeitsverlust und Pilzbefall schützen soll. Unter der Schale befindet sich die Rindenschicht, die vor allem eiweißreiche Zellen enthält, wie sich überhaupt – außer der Stärke – die ernährungsphysiologisch wertvollen Inhaltsstoffe der Kartoffel in ihren äußeren Schichten befinden.

Die Rindenschicht geht in die Gefäßbündelschicht über, die im Längsschnitt der Kartoffel als Ring deutlich wahrnehmbar ist. In dieser Schicht werden vornehmlich der Wassertransport und der Transport organischer Substanzen vorgenommen.

Unter der Gefäßbündelschicht befindet sich das Mark, das sich aufgrund seiner Zusammensetzung wiederum in ein äußeres und inneres Mark unterteilen lässt. Das äußere Mark ist stärkereicher als das wässrigere, aus großen Zellen bestehende innere Mark. Bei einem Längsschnitt durch die Kartoffel kann man das innere Mark als einen dunkel erscheinenden Kern deutlich erkennen, von dem aus schmale Abzweigungen zu den „Augen" führen.

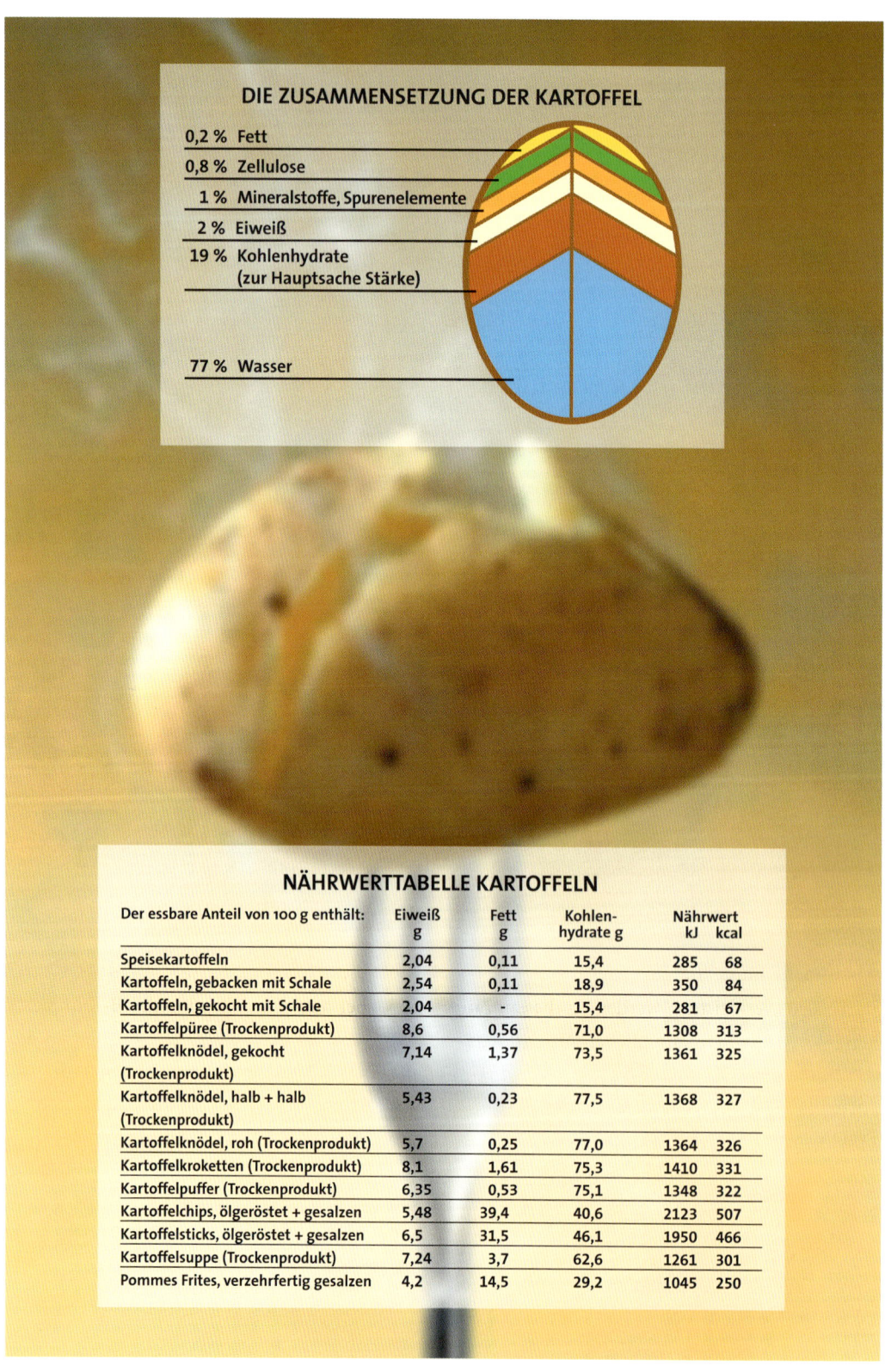

DIE ZUSAMMENSETZUNG DER KARTOFFEL

0,2 % Fett

0,8 % Zellulose

1 % Mineralstoffe, Spurenelemente

2 % Eiweiß

19 % Kohlenhydrate
(zur Hauptsache Stärke)

77 % Wasser

NÄHRWERTTABELLE KARTOFFELN

Der essbare Anteil von 100 g enthält:	Eiweiß g	Fett g	Kohlen-hydrate g	Nährwert kJ	kcal
Speisekartoffeln	2,04	0,11	15,4	285	68
Kartoffeln, gebacken mit Schale	2,54	0,11	18,9	350	84
Kartoffeln, gekocht mit Schale	2,04	-	15,4	281	67
Kartoffelpüree (Trockenprodukt)	8,6	0,56	71,0	1308	313
Kartoffelknödel, gekocht (Trockenprodukt)	7,14	1,37	73,5	1361	325
Kartoffelknödel, halb + halb (Trockenprodukt)	5,43	0,23	77,5	1368	327
Kartoffelknödel, roh (Trockenprodukt)	5,7	0,25	77,0	1364	326
Kartoffelkroketten (Trockenprodukt)	8,1	1,61	75,3	1410	331
Kartoffelpuffer (Trockenprodukt)	6,35	0,53	75,1	1348	322
Kartoffelchips, ölgeröstet + gesalzen	5,48	39,4	40,6	2123	507
Kartoffelsticks, ölgeröstet + gesalzen	6,5	31,5	46,1	1950	466
Kartoffelsuppe (Trockenprodukt)	7,24	3,7	62,6	1261	301
Pommes Frites, verzehrfertig gesalzen	4,2	14,5	29,2	1045	250

Inhaltsstoffe

Die Kartoffelknolle besteht, neben vielen wertvollen Nährstoffen, doch zu mehr als drei Vierteln aus Wasser. Die Trockensubstanz macht also nur knapp ein Viertel ihrer Gesamtmasse aus. Diese Werte gelten allerdings für unsere europäischen Kartoffeln. Es gibt andine Arten mit einem weit höheren Trockensubstanzgehalt.

Doch bleiben wir weiterhin bei der europäischen Kartoffel *Solanum tuberosum*. Der größte Teil ihrer Trockensubstanz besteht aus Stärke. Aber auch Eiweiß ist ein wesentlicher Bestandteil, darüber hinaus sind Zucker, Rohfaser, Vitamine, Mineralien und Spurenelemente in der Kartoffelknolle enthalten. Bei einem täglichen Kartoffelverzehr von 150 Gramm deckt der Mensch damit ein Viertel seines Vitamin-C-Bedarfs, zehn Prozent seines Eisenbedarfs, den überwiegenden Teil seines Kaliumbedarfs, zehn Prozent seines Vitamin-B-Bedarfs und wesentliche Anteile an Eiweiß, Kohlenhydraten, Phosphor, Vitamin A und nicht zuletzt an Vitamin B2.

Zur Kartoffelstärke ist allerdings zu vermerken, dass diese – im Gegensatz zur Getreidestärke – für den Menschen in rohem Zustand nahezu unverdaulich ist. Um sie besser resorbieren zu können, muss die Kartoffel gekocht, ihre Stärke also „verkleistert" werden. In diesem Zustand ist sie vom menschlichen Verdauungstrakt leicht zu verwerten. Deshalb wird die Kartoffel in Form von Püree auch so gerne als wertvoller Bestandteil in der Kranken- und Diätkost eingesetzt.

Das Kartoffeleiweiß ist jedoch weniger hinsichtlich seiner Quantität als vielmehr wegen seiner Qualität von Bedeutung. Das Kartoffeleiweiß hat nämlich eine hohe biologische Wertigkeit und weist gleichzeitig noch einen hohen Ergänzungswert zu tierischen Eiweißen auf. Ohne diese besondere Qualität der Kartoffelproteine hätte die Kartoffel wahrscheinlich nie eine solch große Bedeutung als Volksnahrungsmittel erlangen können.

Auch die in Kartoffeln enthaltenen Mineralstoffe sollten für die menschliche Ernährung nicht unterschätzt werden. Nicht nur, dass Kartoffeln der wichtigste Kaliumlieferant sind, darüber hinaus ist das positive Kalium-Natrium-Verhältnis in der Kartoffel von großer diätetischer Bedeutung. Hinzu kommt, dass sich die in Kartoffeln enthaltenen Mineralstoffe besonders gut zu denen in Milch ergänzen. Kartoffeln weisen von denjenigen Spurenelementen, die in der Milch nur geringfügiger enthalten sind – wie Eisen, Kupfer, Magnesium, Mangan und Jod – größere Anteile auf. Auf der anderen Seite gleicht Milch durch ihren Kalziumreichtum den niedrigen Kalziumgehalt der Kartoffel aus. Diese gegenseitige Ergänzung gilt im Übrigen auch für die Vitamin-Komponenten von Kartoffeln und Milch. Kartoffeln und Milch sind also in jeder Hinsicht eine ausgesprochen gesunde Nahrungsmittelkombination.

Unter den Vitaminen ist vor allem der Anteil von Vitamin C in der Kartoffelknolle zu erwähnen, aber auch die Vitamine des B-Komplexes sind in ihr reichlich enthalten, so Thiamin, Riboflavin und Nikotinsäure.

Die Kartoffelknolle – zwischenzeitlich als „Dickmacher" in Verruf geraten – stellt heute, auch wegen der Vielfalt der Zubereitungsmöglichkeiten, eine nicht mehr wegzudenkende Bereicherung unseres Speisezettels dar – Grund genug, sich im Folgenden ein wenig intensiver der Herkunft der Kartoffel zu widmen.

Die Herkunft der Kartoffeln

Das wissenschaftliche Interesse an der Herkunft der Kulturkartoffeln setzte in den 20er-Jahren des vorigen Jahrhunderts in Russland ein. Ausschlaggebend für dieses Interesse war vor allem die Frage nach einer verbesserten Nahrungsmittelversorgung im Land, dessen Bevölkerung nach der Revolution, den Folgen des Ersten Weltkriegs und der Neuordnung des bäuerlichen Großgrundbesitzes sowie durch die stalinistischen Säuberungsaktionen arg in Mitleidenschaft gezogen worden war. Diesem Ziel der Verbesserung der Nahrungsmittelversorgung durch Erforschung der Ursprungsbedingungen des Kartoffelanbaus in Südamerika dienten mehrere Expeditionen der russischen Botaniker und Genetiker Vavilov, Bukasov und Juzepczuk in den Jahren 1925 bis 1932 in die Anden, um dortige Wild- und Kulturkartoffeln zu sammeln und zur Ertragssteigerung und Verbesserung der Resistenz der russischen Kartoffelsorten einzukreuzen.

Mit akademischer Akribie unterteilten die russischen Forscher die von ihnen im andinen Bereich vorgefundenen Kartoffeln in zwei große Merkmalsgruppen, nämlich in die chilenischen Arten einerseits – wie sie sie vor allem auf der den südchilenischen Anden vorgelagerten Insel Chiloë antrafen – und andererseits in die Arten des peruanischen Hochlandes. Die Sowjetrussen entschieden sich für Chiloë als Genzentrum der europäischen Kulturkartoffel – und hatten dafür auch eine Reihe plausibler Gründe vorzuweisen: Ähnlichkeiten im Zellaufbau und bei der Blattstruktur, der buschige Wuchs und ihr Langtag-Charakter – verschiedene unserer Kartoffelsorten liefern nämlich nur dann hinreichend große Knollen, wenn im Sommer die Tage lang sind. Und die geographische Breite Südchiles auf der Südhalbkugel entspricht in etwa der geographischen Breite der mitteleuropäischen und russischen Kartoffelhauptanbaugebiete auf der Nordhalbkugel.

Langtag- und Kurztag-Bedingungen

Die russischen Wissenschaftler unterstellten darüber hinaus, dass es sich bei den europäischen Kulturkartoffeln um eine Kollektivspezies handelt, die schon von dem Schweden Carl von

Terrassenanbau von Kartoffeln in den Hochanden

Linné (1707-1778), dem Pionier der botanischen Systematik, als eine Einzelart *Solanum tuberosum* bezeichnet worden war. Erstmals botanisch bezeichnet hatte schon der Schweizer Botaniker Caspar Bauhin die Kartoffel in seinem 1596 erschienenen Werk Phytopinax, allerdings mit dem Zusatz *esculentum*. Die Bezeichnung Linnés gilt im Übrigen bis heute. Zu der Andenkartoffel *Solanum andigenum* stellten die russischen Forscher fest, dass sie unter Langtag-Bedingungen keine Knollen ausbildeten. In ihrem Verbreitungsgebiet nahe dem Äquator seien die Tage auch im Sommer kurz, diese „Kurztagskartoffeln" könnten deshalb also nicht als Ursprung der europäischen Kulturkartoffeln in Betracht kommen.

Die Auffassung, dass die europäischen Kulturkartoffeln von Pflanzen der Insel Chiloë abstammen, wurde im Übrigen auch durch Untersuchungen an Wildkartoffelpflanzen auf der Insel Chiloë durch den berühmten Naturforscher Charles Darwin unterstützt, der in der ersten Hälfte des 19. Jahrhunderts eine aufsehenerregende Südamerikareise unternommen hatte, die zu bahnbrechenden Erkenntnissen führte.

Die Chile-Theorie blieb aber nicht unangefochten. Der peruanische Botaniker C. Vargas, der sich um die Beschreibung der autochthonen Kartoffeln des Altiplano, des Hochlandes von Peru und Bolivien, große Verdienste erworben hatte, rückte mit einer von ihm im Jahre 1949 vorgetragenen Auffassung das Genzentrum der europäischen Kulturkartoffeln wieder in das Andenhochland zurück. Danach sollte die Wildform der Kartoffel, die „Planta nacional del Peru", natürlich im eigenen Land ihren Ursprung haben. Ein weiterer Kartoffelforscher, der deutschstämmige Professor Heinz Brücher, der nach dem Zweiten Weltkrieg lange in Argentinien arbeitete, unterstellte der Standortbestimmung von Vargas eher patriotische als wissenschaftliche Motive. Brücher, der aber von vielen seiner Kollegen selbst als exzentrisch eingestuft wurde und wohl schon selbst dem argentinischen Nationalstolz erlegen war, verlegte nun seinerseits das Genzentrum nach Nordargentinien. Er hatte auch eine Wildspezies parat, die für ihn als alleinige Wildform der europäischen Wildkartoffel in Frage kam: *Solanum vernei*. Ihre Knollengröße übertrifft nach Brücher sogar die der in den Anden kultivierten Primitivkartoffeln, zudem sei sie frostresistent, virusresistent und wenig anfällig gegen Knollenfäule sowie gegen Nematoden- und Insektenbefall. All diese positiven Eigenschaften hätten ihren Anbau in Monokultur in Europa – und später auch in den anderen Erdteilen – erleichtert.

Als Professor Brücher von der Ostberliner Akademie der Landbauwissenschaften 1957 zu einem Vortrag eingeladen wurde, stand er vor dem Problem, auf sowjetrussischem Hoheitsgebiet die Theorie der russischen Forscher über die Kartoffelabstammung zu Gunsten seiner eigenen Vorstellungen abzulehnen. Er war sich der delikaten Situation bewusst und leitete daher seinen Vortrag vorsichtig wie folgt ein: „Auch wenn wir hier Versammelten über die zur Diskussion stehenden Fragen recht verschiedene Ansichten haben, so meine ich, sind wir doch gewissermaßen nichts weiter als 'Gläubige einer Gemeinde'. Denn allzu viele Tatsachen sind uns auch jetzt noch verborgen, als dass wir zu endgültigen Schlüssen und apodiktischen Feststellungen gelangen könnten. Das leidenschaftliche Interesse, das uns alle mit dieser so interessanten Kulturpflanze verbindet, möge uns daher nicht in Leidenschaft gegeneinander führen. In diesem Sinne möchte ich nun meine folgenden Kriterien und meine eigenen Erfahrungen über die Wildkartoffeln in ihren Hauptverbreitungsgebieten verstanden wissen."

Heute wissen wir, dass auch Brücher irrte. Vergessen wir doch nicht, dass die Hochlandindianer in den Anden Kartoffeln schon über 2000 Jahre in Kultur genommen hatten, durch Ausleseverfahren selbst Züchtung betrieben und die indianischen Kulturkartoffeln längst von ihren Wildformen so abgewandelt hatten, dass eine Rückführung auf eine einzige Wildkartoffelspezies nicht mehr möglich ist. Auch ist davon auszugehen, dass die Indianer Kartoffelarten und Kartoffelsorten untereinander kreuzten, auch wenn dies nur zufällig geschehen sein sollte, so dass tatsächlich unsere heutige Kulturkartoffel viele Urahnen hat. Und was *Solanum vernei* anbetrifft, sagt Brücher selbst, dass seine indianischen Begleiter diese Kartoffelart auf seinen Forschungsreisen in Nordargentinien als eine verwilderte Kulturkartoffel betrachtet hätten!

Wehe, wenn der Frost kommt ...

Die beiden großen englischen Kartoffelforscher Salaman und Hawkes bieten schließlich eine Erklärung dafür an, dass die andine und die europäische Kulturkartoffel letztlich ein und dieselbe Art darstellen und es sich hierbei nur jeweils um eine Subspezies handelt. Botanisch heißt demzufolge die europäische Kulturkartoffel aus den *Anden Solanum tuberosum ssp. andigenum*. Die in Chile schon in präkolumbischer Zeit angebaute Kulturkartoffel hieße dann *Solanum tuberosum ssp. tuberosum*. Dies unterstellt, dass diese Andenkartoffeln in dem Jahrtausende währenden indianischen Kulti-

Kartoffelanbau in Nepal

vierungsprozess von den Kurztag-Bedingungen des Altiplano auf die Langtag-Bedingungen des chilenischen Sommers umgestellt worden wären. Und in der Tat kann man hiervon ausgehen. Denn es hat lange gedauert, bis sich die Menschen aus den andinen Zentralbereichen mit ihrer Kultur – und mit ihren Kulturpflanzen – weiter nach Süden ausbreiteten. Diese Zeitspanne war lang genug, um die Andenkartoffeln an die neuen Lebensbedingungen in Chile anzupassen. Und vergessen wir nicht, dass die Kartoffeln auch in Europa Jahrhunderte benötigten, bis sie sich akklimatisiert hatten. Kurztag-Kartoffeln wie *Solanum tuberosum ssp.*

andigenum bildeten nämlich in ihrer ursprünglichen Form, wie sie wohl zuerst nach Europa gelangten, ihre Knollen erst aus, wenn die Tage wieder so kurz wie in ihrer angestammten Heimat waren, das heißt in ihrer neuen europäischen Heimat also erst um den Herbstanfang herum. Es blieb dann nur noch der Monat Oktober zum Ausreifen der Knollen. Und wehe, der erste Nachtfrost kam zu früh! Dann war die ganze Ernte vernichtet. Auch solches Missgeschick hat mit dazu beigetragen, dass sich die Kartoffel erst Jahrhunderte nach der ersten Einführung als allgemein akzeptierte Ackerfrucht in Europa etablieren konnte.

> **8.** SOLANUM caule inermi herbaceo, foliis pinnatis in- *tuberosum.*
> tegerrimis. *Vir. cliff.* 15. *Hort. cliff.* 60. *Hort. upf*
> 48. *Roy. lugdb.* 423. *Dalib. parif.* 73.
> **Solanum** tuberosum esculentum. *Bauh. pin.* 167. *prodr.*
> 89. *t.* 89.
> *Habitat in* Peru. ⊙ -- ♃

Neben den Zubereitungsmöglichkeiten von Kartoffeln verweist Tabernaemontanus noch auf die aphrodisische Wirkung des Knollengenusses: „…zur Staerkung der ehelichen Wercken / Mehrung deß Samens."

Warum „die" Kartoffel auch „der" Kartoffel heißt

Warum heißen Kartoffeln eigentlich Kartoffeln? Der Papst wird sich wohl gegen die Übernahme der alten Inka-Bezeichnung *papa* ins Spanische gewehrt haben, denn schließlich heißt Papst auf spanisch auch *papa* – und welcher Papst wollte sich schon gern mit Kartoffeln identifizieren? Dass die Kartoffel dabei im Spanischen weiblichen Geschlechts, *la papa,* der Papst natürlich männlich, el papa, ist, spielte dabei offensichtlich keine Rolle.

So erfolgte die Namensgebung der Kartoffel auf anderem Wege. Carolus Clusius, der die ersten Kartoffeln aus Italien erhielt, nannte sie *taratoufli* nach der in Italien üblichen Bezeichnung. Aus *taratoufli* entwickelte sich schließlich das deutsche Wort „Kartoffel". Üblich wurde zwischenzeitlich aber auch eine damalige mundartliche Bezeichnung für Trüffelbaum: *Grübblingsbaum.* Diese Bezeichnung benutzte übrigens der berühmte Pfälzer Medizin- und Botanikprofessor Jacobus Theodorus Tabernaemontanus (1522-1590), der eigentlich Jacob Diether hieß, seinen Namen aber in der seinerzeit üblichen Weise latinisierte, wobei er sich hierfür des Namens seines Geburtsortes Bergzabern bediente.

Es war ein weiter Weg, bis die Kartoffeln auch tatsächlich so hießen. Zunächst entstand als Lehnwort die Bezeichnung *Tartuffeln* oder *Tartüffeln.* Auch die französisch beeinflusste Bezeichnung *tartoufles* kam damals auf. Erst aus diesen Worten entwickelte sich im 18. Jahrhundert durch einen Wechsel vom t zum k das Wort Kartoffel, mundartlich zwischen

Dessau, Halle, Weimar, Gotha bis Fulda, mit dem männlichen Artikel versehen: der Kartoffel.

Aber auch die anderen deutschen Bezeichnungen für Kartoffeln, wie etwa Erdäpfel, Erdbirne oder Grundbirne entwickelten sich schon früh. Landgraf Wilhelm IV. von Hessen-Cassel, ebenfalls aus der Geschichte der Kartoffel bekannt (s. Seite 56 ff., „Tartopholi"), bezeichnete sie auch als *Erdtnuß.* Im Vogtland, wo der feldmäßige Anbau von Kartoffeln in Deutschland erstmals nachweislich einsetzte, sprach man schon bald von den *Vogtländischen Knollen.*

In dem zweiten frühen deutschen Kartoffelanbaugebiet um Nürnberg wurde von *Erdäpfeln* gesprochen. Dies geht aus einem Rechtsstreit hervor, den Veit Wolfram und Michel Pickel am 12. Februar 1680 in Nürnberg austrugen. Veit warf dem Michel vor, ihm Erdäpfel schuldig geblieben zu sein.

In der Pfalz nannte man die Kartoffel schon im frühen 18. Jahrhundert *Grundbirnen.* Auch hierüber gibt es einen Beleg. Nach einem Bericht des Landschreibers Heyle zu Kaiserslautern aus dem Jahre 1719 sind „diese Grundbirnen Früchte vor ohngefähr 30 Jahren bey allerschwersten Calamitäten Kriegszeiten durch einen Schweitzer in die Gegend Lautern gebracht, welche unter der Erde wachset, bey feindlicher invasion conseviert bleiben, und zur Subsistenz der Menschen gedienet".

Interessant ist im Übrigen, dass in den Ländern, wo die Einführung des feldmäßigen Kartoffelanbaus von Deutschland aus erfolgte, auch deutsche Be-

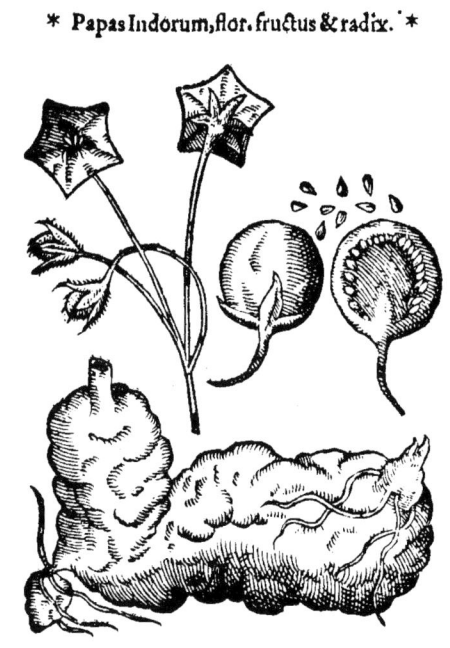

* Papas Indorum, flor. fructus & radix. *

* Grübling Baum. *
Solanum tuberosum esculentum C.B. sive
Papas Indorum.

zeichnungen für die Knolle übernommen wurden. Begriffe wie *Kartopha, Kartocla* oder *Kartovka* entstanden im Russischen, *Karrofla* und *Karczofie* im Polnischen. In Südrussland wurden Bezeichnungen wie *Mandybürka* und *Gardybürka* üblich, die den tschechischen Wortstamm für Brandenburg beinhalten. Im Rumänischen heißen sie dann *Brandraburca*.

Die englische Bezeichnung *potato* geht auf eine Verwechslung von Kartoffel und Süßkartoffel zurück. So unverständlich uns heute diese Verwechslung vorkommt, so verständlich war sie für die damalige Zeit. Die Menschen wurden geradezu überflutet mit Neuigkeiten, Entdeckungen und exotischen Dingen aus der Neuen Welt. Knollenfrüchte waren bis dahin unbekannt, und wer konnte da schon die Wurzelverdickung der Süßkartoffel von der Knolle der Kartoffel unterscheiden. Zudem war die Süßkartoffel in England schon viel früher bekannt. Im südlichen Spanien konnte sie unter den dort vorherrschenden klimatischen Bedingungen angebaut werden, die Engländer importierten sie als Rarität und Delikatesse – hauptsächlich aber wohl wegen der ihr zugeschriebenen aphrodisischen Wirkung. ∎

Links: Abbildung der Blüte, Frucht und Knolle des „Grüblingbaumes" aus dem „New und volkommen Kraeuterbuch des Botanikers Jacob Diether, genannt Tabernaemontanus, gedruckt zu Basel durch Jacob Merenfels in Verlegung Johann Königs 1664"

Oben: Abbildung des „Grüblingbaumes" aus dem „New und volkommen Kraeuterbuch des Botanikers Jacob Diether, genannt Tabernaemontanus, gedruckt zu Basel durch Jacob Merenfels in Verlegung Johann Königs 1664". Tabernaemontanus bezieht sich auf die botanische Bezeichnung der Kartoffel als *Solanum tuberosum esculentum* von Caspar Bauhin und fügt noch die damals übliche Bezeichnung *Papas indorum* an.

Die Kulturgeschichte der Kartoffel

Oben: Moderner Kartoffelanbau im Mantaro-Tal in den peruanischen Anden

Linke Seite: Kartoffeljungpflanze aus dem Kartoffelinstitut der UNO in Lima

Die ganze Vielfalt andiner Nutzpflanzen verdanken wir der Gold- und Eroberungssucht spanischer Konquistadoren, die zu Beginn des 16. Jahrhunderts die mittel- und südamerikanischen Reiche eroberten und ihre Kulturen auslöschten. Doch das viele Gold, das die Eroberer raubten, brachte Spanien auf Dauer kein Glück, konnte auch den späteren Staatsbankrott nicht verhindern. Geblieben sind die prächtigen Bauwerke der Inkas, Azteken und ihrer Vorgängerkulturen, ihr Schmuck, ihre Tongefäße und ihre Nahrungsmittel wie Tomaten und Gurken, Mais und Quinoa, Kakao und Vanille und natürlich Kartoffeln. Als der spanische Konquistador Francisco Pizarro, von der Gier nach Reichtum getrieben, zwischen 1531 und 1534 das In-

ka-Reich eroberte, hatte er für das wahre Gold der Inkas, für Kartoffeln, einfach keine Augen!

Heute essen wir sie fast täglich, gekocht, gepellt, als Salat, als Pommes frites, als Kroketten oder Knödel. Und niemand denkt mehr daran, dass wir diese Köstlichkeiten den indianischen Kulturen der präkolumbischen Zeit verdanken.

Die Kartoffeln der Anden

Es war ein Jahrtausende währender Entwicklungsweg, der die andinen Reiche bis hin zum Sonnenstaat der Inkas hervorbrachte. Dabei wurde der amerikanische Kontinent erst spät durch Menschen besiedelt. In der letzten Eiszeit, als die großen Eiskappen am Pol und über den

Pollenentnahme von einer Kartoffelblüte zu Forschungszwecken im Kartoffelinstitut der UNO in Lima

Hochflächen der Erde den Meeresspiegel um sechzig Meter sinken ließen, bildete sich eine Landbrücke zwischen Asien und Amerika an der Stelle der heutigen Bering-Straße. Vor 50.000 Jahren benutzten asiatische Volksstämme diesen Weg und gelangten auf ihrer langen Wanderung vor mehr als 10.000 Jahren schließlich nach Südamerika. Den mörderischen Lebensbedingungen in den tropischen Regenwäldern gedachten sie aber alsbald zu entrinnen, und so machten sie sich auf den Weg in die Anden.

Um diese Zeit etwa begann in Südamerika der Übergang von den Jäger- und Sammlerkulturen zur sesshaften Lebensweise. Die Fähigkeit, den Ackerbau zu erlernen, bildete hierfür eine unabdingbare Voraussetzung. In Südamerika gehörten neben Mais verschiedene Bohnensorten zu den ersten Kulturpflanzen. Danach wurden schon bald Yukka, Erdnüsse, Pfefferschoten, Baumwolle und andere Pflanzen angebaut. Für den Ackerbau eigneten sich zuerst die fruchtbaren Alluvialebenen der andinen Küstentäler, auf denen nach der Regenzeit im Hochgebirge die Aussaat vorgenommen werden konnte. Diese trockene Küstenregion am Pazifik, wo es fast nie regnet, konnte nur mit der Fertigkeit der Bewässerung besiedelt werden. Die Maßnahmen zur Beherrschung der Naturgewalten angesichts der zeitlich unsicheren Überschwemmungen konnten nur in Gemeinschaftsarbeit verrichtet werden. So entstanden die ersten Bewässerungssysteme im heutigen Peru wie Las Aldas, Culebras, Los Cavilanes, Aspero und Rio Seco. Viele der damals und auch später entstandenen Anlagen werden im Übrigen bis heute noch genutzt.

Moderner Kartoffelanbau im peruanischen Mantaro-Tal

Etwa ab dem 2. Jahrtausend v. Chr. sind die ersten Anzeichen einer Vorratshaltung von Körnerfrüchten in den Anden nachgewiesen. Hier in den Hochlagen der Anden ermöglichte erst der Terrassenbau die landwirtschaftliche Nutzung der Böden. Die Mühen einer Bewirtschaftung der Hanglagen wurden so vermieden, Erosion verhindert – die Ackerkrume blieb fruchtbar. Und ganz oben, dort, wo Mais nicht mehr wächst, war es vor allem die Kartoffel, die den Ackerbau noch zuließ. So konnten auf dem Altiplano zwischen der West- und Ostkordillere im heutigen Südperu und Westbolivien, der größten Hochebene der Anden, in Höhen zwischen 3600 und 4000 Metern die frühesten Siedlungsgebiete der andinen Indianer entstehen – eine Entwicklung, die ohne Kartoffeln undenkbar gewesen wäre.

Chuño

– Was schon die Inkas aus Kartoffeln machten –

Die Kartoffel war schon lange das Hauptnahrungsmittel der Bewohner der Anden – schon eineinhalb Jahrtausende, bevor die Konquistadoren das Inka-Reich zerstörten. Diese Knolle war auch deshalb für die Inkas so bedeutend, weil ihnen eine Methode der Haltbarmachung zur Verfügung stand. Das entsprechende Produkt nennt sich Chuño. Wir würden Chuño als „gefriergetrocknete Kartoffeln" bezeichnen. Chuño hielt sich über Jahre, ließ sich gut transportieren, und man konnte damit Zeiten der Nahrungsmittelknappheit überbrücken. Erste schriftliche Informationen über Chuño hat José de Acosta in seiner 1590 in Sevilla erschienenen *Historia natural y moral de las Indias* niedergeschrieben, wo er ausführt: „Die Indianer verwenden eine Art Wurzel, die sie papa nennen. Diese Wurzeln sind wie Erdnüsse, es sind kleine Wurzeln, die viele Blätter hervorbringen. Sie sammeln diese papas und trocknen sie gründlich in der Sonne und wenn sie dann schlagen, dann machen sie daraus, was man Chuño nennt – et-

was, was viele Tage aufbewahrt werden kann und ihr Brot ist. In ihrem Reich wird umfangreicher Handel mit Chuño betrieben, den sie zu ihren Minen in Potosi transportieren; sie essen diese *papas* gleichermaßen gekocht oder geröstet."

In der heutigen Welt der Hochandenbauern spielt Chuño noch die gleiche Rolle wie zur Inka-Zeit. Die Methode, Chuño herzustellen, ist die gleiche geblieben, wie sie damals von den ersten Chronisten der spanischen Konquistadoren beschrieben wurde. Zur Herstellung von schwarzem Chuño werden Kartoffeln in den großen Höhenlagen der Anden auf einer Gras- oder Strohunterlage ausgebreitet, wo sie nachts gefrieren und tagsüber der intensiven Sonneneinstrahlung ausgesetzt sind. Die Knollen nehmen dadurch eine weiche und runzlige Konsistenz an. Dann werden sie zu kleinen Häufchen zusammengelegt, damit man sie vorsichtig auf einer Strohunterlage mit Füßen zertreten kann, um ihren Saft herauszupressen. Nach mehrfacher Wiederholung dieser Behandlung trock-

nen die Kartoffeln schließlich an der Luft. Das Endprodukt ist ein graues, trockenes Material, das eher Steinen oder Kieseln als Kartoffeln ähnelt. Es ist hart wie Holz, dazu leicht und praktisch unbegrenzt lagerfähig.

Soll weißer Chuño, auch *tunta* genannt, hergestellt werden, so deckt man die gefrorenen und wieder aufgetauten Knollen längere Zeit zu und taucht sie dann etwa zwei Monate lang in die kalten Seen oder Flüsse der Anden ein. Hier werden alle löslichen Stoffe ausgewaschen. Danach wird der weiße Chuño getrocknet. Das Trockenprodukt behält die Knollenform, ist

kreidig weiß und wird wie schwarzer Chuño gehandelt. Eine besonders exquisit hergestellte Form von weißem Chuño – auch *moray* genannt – soll sogar alleine dem Inka (Gottkönig) selbst, dem höchsten Herren seines Volkes, vorbehalten gewesen sein.

Neben den verschiedenen Chuño-Sorten gab es noch weitere Trockenkartoffeln im präkolumbischen Südamerika. Solche *papa seca* genannten Trockenkartoffeln wurden erst gekocht, dann gepellt, dann gefroren und schließlich getrocknet. Auch *papa seca* ist nahezu unbegrenzt haltbar.

Linke Seite: Ausbreiten von geernteten Kartoffeln auf einem Feld zur traditionellen Chuño-Herstellung

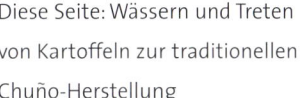

Diese Seite: Wässern und Treten von Kartoffeln zur traditionellen Chuño-Herstellung

Kartoffeln in den Anden

Die Anden werden in verschiedene Klimazonen unterteilt. Die tropisch heiße Zone, in Südamerika *tierra caliente* genannt, reicht im zentralen Abschnitt der Anden etwa bis. zu einer Höhenlage von ca. 1000 Metern. In der Epoche der andinen Hochkulturen lebten hier die Menschen überwiegend als Sammler und Jäger, wie dies heute auch noch viele Indianerstämme tun, deren Lebensraum jedoch zunehmend eingeschränkt wird. Die Inkas zum Beispiel standen in regem Handelsaustausch mit den tieferen La-gen im Andeneinzugsbereich. Wenn ihr Staat auch primär auf Autarkie ausgerichtet war, so fehlten ihm durch seine Höhenlage dennoch einige Produkte, vor allem gab es viele der so begehrten tropischen „Luxusartikel" nicht. So importierte man aus dem Tiefland nicht nur Baumwolle, sondern auch Papageienfedern, Pflanzendrogen, Chinin, Gewürze und tropische Farbstoffe. Aus dem Küstenstreifen am Pazifik beschaffte man sich Fische und Meeresfrüchte, Algen und Guano zur Düngung der Felder in den Höhen. Als Tauschobjekte waren Lama- und Alpacawolle, Gold- und Silber-

Kartoffelfeld in den Anden

schmuck, Textilien und Töpferwaren begehrt – all das, was die Inkas mit so großer Fertigkeit zu produzieren verstanden.

An die *tierra caliente* schließt sich die *tierra templada,* die gemäßigte Zone zwischen 1000 und 2000 Metern Höhe an. Zu dieser Klimazone zählen vor allem auch die in den zentralen Anden tief eingeschnittenen Täler zum Pazifik hin mit ihrer intensiven Bewässerungswirtschaft.

Oberhalb der *tierra templada* folgt die *tierra fria,* die kalte Zone, mit Höhenlagen von 3000 Metern und darüber. Hier spielen sich die Jahreszeiten an einem Tag ab. Mit der aufgehenden Sonne beginnt der Frühling, mittags scheint die Sonne so intensiv wie bei uns im Sommer, nachmittags beginnt mit der untergehenden Sonne der Herbst und in der Nacht herrscht bitterer Winter. In den Höhenlagen der *terra fria* sind es aber nicht nur die Nachtfröste, die dem Menschen und seinen Ackerkulturen zusetzten, sondern auch die Regenzeit, die hier im Sommer der Südhemisphäre mit gewaltigen Güssen auftritt und angesichts des schwachen Bewuchses und bei den dünnen Mutterböden in diesen Höhenlagen verheerende Überschwemmungen

anrichtet. Hier in der *terra fria* und oberhalb, wo es keinen Baumbewuchs mehr gibt, da ist das eigentliche Land der Kartoffel.

In diesen Hochlagen des Altiplano mussten sich die Menschen der Unbill der Natur widersetzen. Und um überleben zu können mussten sie vor allen Dingen dafür Sorge tragen, dass die Kartoffelernten reichhaltig genug ausfielen. Im Laufe der Zeit hatten die Hochandenbewohner durch Selektion aus den Wildkartoffelspezies solche Arten ausgewählt, die besonders frostresistent sind. Während der bereits erwähnten Expedition russischer Forscher in den 20er-Jahren des vorigen Jahrhunderts wurden vor allem zwei Arten beschrieben, die unter diesen extremen Umweltbedingungen noch Erträge erbrachten und deshalb für die durch Frost gefährdeten russischen Anbaugebiete von besonderem Interesse waren: *Solanum ajanhuiri* und *Solanum juzepczukii.* Beide ähneln unseren europäischen Kartoffeln in Gestalt und Farbe, sind aber vom Pflanzenaufbau und auch vom Chromosomenmuster her völlig unterschiedlich.

Diese frostresistenten Kartoffelarten sind besonders geeignet für die Herstellung von Chuño. Ihr Nachteil besteht in einem etwas bitteren Beigeschmack, und so war es nur zu verständlich, dass die Indianer auch schmackhaftere Sorten selektierten wie etwa *Solanum gonioclaxy,* die heute als *Papa amarilla* geläufig ist. Diese gelbfleischige Sorte begegnet uns im Übrigen häufig in den Formen der Töpferwaren verschiedener Kulturepochen der andinen Reiche. So hat man also in den Hochanden ganz offensichtlich sehr unterschiedliche Kartoffelvarianten gezüchtet. Die indianische Kulturkartoffel *Solanum tuberosum* in ihrer Unterart *Solanum tuberosum ssp. andigenum* ist nur eine hiervon, wenn auch die wichtigste.

Auf einem Markt in den bolivianischen Anden

Der Kartoffelalltag der Andenindianer

Die Inka-Herrscher hatten zielgerichtet erkannt, welch ausschlaggebende Rolle eine gut funktionierende Landwirtschaft und ein ebenso gut funktionierendes Vorrats- und Verteilungssystem für die Existenz eines Staates spielen. Neben Mais und Kartoffeln kannten die Inkas 70 weitere Kulturpflanzen. So waren dann die Andenbewohner in der Inka-Zeit auch in erster Linie Vegetarier. Lama und Alpaca als Züchtungen aus dem Guanaco und dem Vicuña wurden als Lasttiere und der Wolle wegen gehalten: Selten, dass sie geschlachtet wurden, um verzehrt zu werden. Ihr gedörrtes Fleisch stellte aller-

dings eine willkommene Truppenverpflegung bei den Kriegszügen der Inkas durch die gesamten Anden dar. Hauptfleischlieferant in den Anden war das Meerschweinchen. Es steht noch heute auf dem Speisezettel der Andenindianer – und auf vielen Speisekarten selbst der Restaurants in den Städten. Und damals wie heute dürfen die Meerschweinchen frei in den Häusern der Indianer umherlaufen ...

Trotz aller landwirtschaftlichen Fortschritte zur Zeit der frühen andinen Hochkulturen blieb das Leben für die Menschen in den Bergen entbehrungsreich. Immer wieder vernichteten Fröste die Ernte, Hunger war an der Tagesordnung, bis die Inkas mit ihrer alles erfassenden Organisation und Vorratswirtschaft die bitters-

Chuño Lawa
(für 6-10 Personen)

Diese Chuño-Suppe ist typisch für das Gebiet von Sicuani bis Cuzco.

Zutaten
1 kg Fleisch (Meerschweinchen!),
in mundgerechte Stücke geschnitten
1 Knoblauchzehe
Salz und Pfeffer nach Geschmack
2 Liter Wasser
1 Tasse klein geschnittene frische Bohnen
1 Tasse gekochter Reis
½ Tasse klein geschnittene Möhren
2 EL Öl
1 gehackte Zwiebel
1 Tasse weißes Chuño
fein gehackte Petersilie

Zubereitung
Zunächst Chuño sechs- bis achtmal in Wasser einweichen.

Fleisch im Wasser mit der Knoblauchzehe und Salz ca. 1 Stunde kochen.

Klein geschnittene Bohnen, den Reis und die klein geschnittenen Möhren hinzufügen und alles gut durchrühren, um ein Anbrennen zu vermeiden.

Die Suppe wird heiß, mit Petersilie bestreut, serviert.

Carapulcra
(für 6-10 Personen)

Carapulcra ist ein peruanisches Nationalgericht, das aus *papa seca* hergestellt wird.

Zutaten
½ kg getrocknete Kartoffeln,
geröstet in einer Pfanne
½ Tasse Backfett
1 Tasse fein gehackte Zwiebeln
5 zerdrückte Knoblauchzehen
Salz, Pfeffer, Kümmel, gem. rote Chili
½ Hähnchen, ausgebeint und gewürfelt
½ kg Schweinefleisch, gewürfelt
1 Würfel Rinderbrühe aufgelöst in 2 Tassen
heißem Wasser
½ Tasse süßer Wein
½ Tasse geröstete Erdnüsse
6 Kartoffeln, gekocht und halbiert
3 hart gekochte Eier, in Scheiben geschnitten
12 reife Oliven
2 TL fein gehackte Petersilie

Zubereitung
Die gerösteten, getrockneten Kartoffeln müssen ½ Stunde in Wasser eingeweicht werden. Abtropfen lassen und etwas zerkleinern, wenn die Stücke zu groß sind.

Zwiebeln und Knoblauch in der Hälfte des Fettes weich dünsten.

Salz, Pfeffer, Kümmel und gem. roten Chili hinzufügen.

Hähnchen und Schweinefleisch dazu geben. Leicht bräunen.

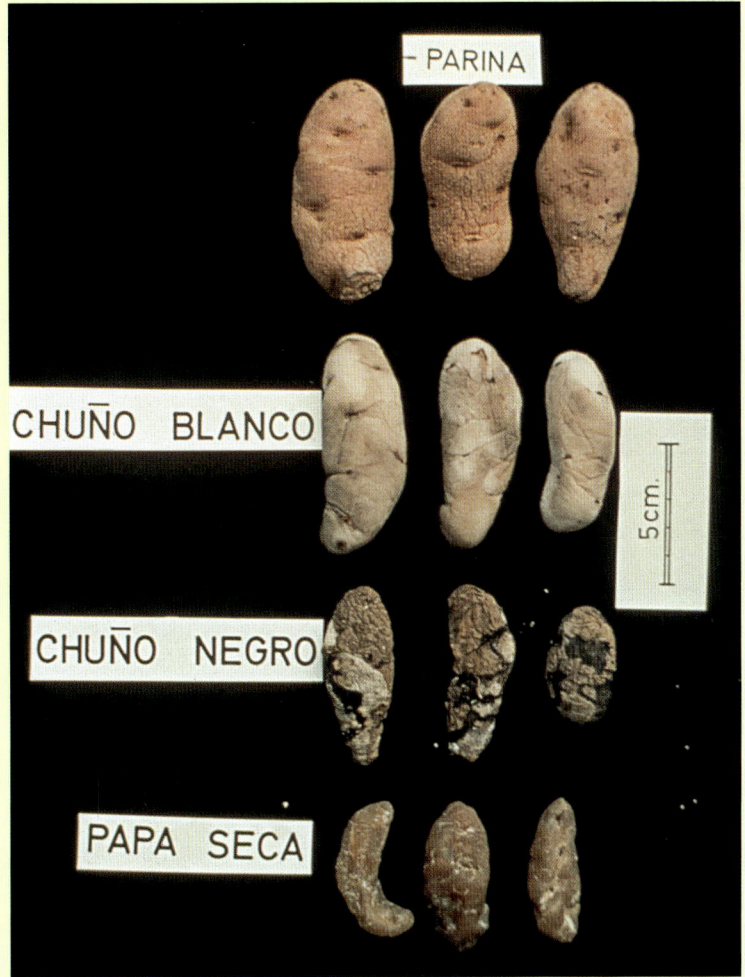

Das übrige Fett hinzugeben, dann die getrockneten Kartoffeln und unter ständigem Rühren
die Bouillon, Wein und Erdnüsse hinzufügen.
Bei leichter Hitze köcheln, bis die getrockneten
Kartoffeln weich sind. Umrühren, um Anbrennen zu vermeiden.

Die gekochten Kartoffeln hinzufügen.

Das Gericht wird auf einer Platte serviert und
mit den Eischeiben, Oliven und Petersilie garniert.

Anmerkung: Peruanische Trockenkartoffeln sind in Deutschland nicht erhältlich.

Abbildungen aus: Félipe Guamán Poma de Ayala: „Nueva Corónica y buen Gobierno"

Links: Feldarbeit auf dem Kartoffelacker – Im August Pflügen mit der *taccla,* dem Grabstock der Inka

Mitte: Feldarbeit auf dem Kartoffelacker – Im Dezember Einbringen des Pflanzgutes

Rechts: Feldarbeit auf dem Kartoffelacker – Im Juni Knollenernte

ten Nöte zu überwinden verstanden. Die harte Arbeit auf den Äckern aber blieb. Am besten hat ein peruanischer Indianer diese entbehrungsreichen Lebensumstände seiner Landsleute beschrieben: Es war Félipe Guamán Poma de Ayala, ein Abkömmling aus vornehmer Familie. Geboren wurde er im Jahre 1532, im gleichen Jahr, als Pizarro und seine Mannen den letzten freien Inka-Herrscher Atahualpa gefangen nahmen. Seine Mutter war die Tochter des Inka Tupac Yupanqui. Mit seiner Chronik *Nueva Corónica y buen Gobierno* wollte er sich für eine bessere Behandlung der Indianer durch die Spanier einsetzen.

Im ersten Teil seiner 1615 erschienenen Chronik, an der er 30 Jahre arbeitete und die erst Jahrhunderte später wieder entdeckt wurde, beschreibt er anschaulich die Kultur der Inkas vor der spanischen Eroberung. Und dann die späteren Zustände mit Zwangsarbeit, Demütigungen und Erniedrigungen, nachdem die Spanier das Inka-Reich erobert hatten. Anschaulich illustrierte er seine Texte mit vielen hundert Zeichnungen, eine Fertigkeit, die er von den Spaniern erlernt hatte. Es sind keine künstlerischen Meisterwerke, aber Bilder von höchstem dokumentarischem Wert. Unter anderem wird sehr anschaulich gezeigt, wie mit dem langen Grab- und Pflanzstock, der taccla, der Boden im Dezember für Kartoffelanpflanzungen vorbereitet wird und wie die Saatkartoffeln schließlich in den Boden gelegt werden. Ein anderes Bild zeigt die Kartoffelernte, wie ein Mann diesmal mit dem langen Pflanzstock den Boden für die Ent-

Links: Zur Inkazeit wurden die Kartoffelfelder in Reih' und Glied mit der *taccla*, dem andinen Grabstock,

aufgebrochen.

Mitte: Mit der *quipu* listeten die Inka ihre Vorräte auf.

Rechts: Überprüfung der Lagervorräte mit der *quipu*

nahme der Knollen lockert. Eine Frau gräbt dann mit einer kurzen Hacke die Knollen aus, eine andere Frau trägt die geernteten Knollen in einem Sack fort. Männer und Frauen teilten sich also die schwere Feldarbeit gleichmäßig auf. Und bis heute kann man Indianerfrauen an den Andenhängen sehen, wie sie mit dem weiterhin gebräuchlichen langen Grabstock oder einer Hacke den Boden lockern, säen und ernten – selbstverständlich, dass das jeweils jüngste Kind, in ein Tuch eingewickelt, dabei auf dem Rücken getragen wird.

Wenigstens für einen Teil der Andenbewohner gab es aber einen Trostspender in dem ansonsten ziemlich unwirtlichen Leben in den südamerikanischen Höhenregionen: das Alkaloid der Kokablätter. Die ersten spanischen Chronisten, die mit den Konquistadoren in die Anden kamen, berichteten, dass sie in den Anden praktisch niemanden ohne die typische Koka-Kugel in der Backe antrafen. Diese Bemerkung ist insofern übertrieben, als das Kauen der Kokablätter ein Privileg der Inka-Herren war. Außer ihnen durften nur noch Postkuriere und Minenarbeiter die Droge benutzen – und natürlich auch die Ärzte, die Koka als wirksames Betäubungsmittel einsetzten. Die Koka-Kugel wurde gebildet, indem die Indianer die getrockneten Kokablätter mit Kalk vermischten, die Masse rund rollten und in die Backe schoben. Auf diese Weise wird das Alkaloid eher freigesetzt und die Wirkung der Droge erhöht. Seine Wirkung besteht vor allem darin, Hunger- und Durstgefühle zu unterdrücken, und sie macht den Menschen ausdauernder, gegen Kälte unempfindlicher. So wurde das harte Leben in den Anden wenigstens etwas erträglicher.

Die Bauern profitierten also in der Regel nicht von dieser Droge. Die bekannten Ackergeräte, wie etwa die *taccla,* boten nur wenig Erleichterung bei ihrer schweren Feldarbeit, wenn die Männer in einer Reihe nebeneinander die Scholle aufbrachen und die Frauen mit der Hacke, der *lampa,* die Schollen zerschlugen. Diese eintönige, jedes Jahr wiederkehrende Arbeit wurde leidvoll ertragen. Das ständige Ringen um den Boden spielte in Religion und Mythen verständlicherweise eine zentrale Rolle. So verrichteten die Indianer ihre Feldarbeit im Rhythmus religiöser Gesänge. Und jedes Jahr von neuem vollzog der Inka selbst im August zu Beginn der Feldarbeit symbolisch den ersten „Spatenstich" – mit seinem Pflanzstock aus purem Gold.

Das präzise durchorganisierte Inka-Reich kannte eine Vielzahl von Festen im Ablauf eines Jahres, die vom Alltag ablenkten und immer wieder Kurzweil boten. Dabei floss viel *chicha,* ein alkoholisches Gebräu aus Mais oder Quinoa, der Reismelde, die ebenfalls noch in großen Höhen in den Anden, vor allem am Titicasee angebaut wurde. Dieses Getränk, am ehesten noch mit unserem Bier vergleichbar, ist das Ergebnis einer traditionellen Herstellungsweise, die bis heute gepflegt wird. Die alten Frauen eines Dorfes setzen sich um einen großen Kessel zusammen und zerkauen grob zerschlagene Quinoa-Früchte zu einer breiartigen Masse. Nach einer gewissen Zeit wird diese Masse allmählich flüssig und kann in einen Kessel gespuckt werden. Der Speichel setzt die Gärung in Gang und nach einigen Wochen ist das alkoholhaltige Gebräu trinkfertig. 15 bis 20 Prozent Speichel können so in diesem Topf enthalten sein. Vielleicht rührt daher der erfrischende Geschmack, auf den viele Ecuadorianer und Peruaner bis heute schwören – und dafür gerne ein richtiges Bier stehen lassen. Wer sich dafür interessiert: In Quito, der Hauptstadt Ecuadors, wird diese Köstlichkeit unter der Bezeichnung *charutaruro* angeboten. Nach dem gleichen Verfahren wie *chicha* wurde früher im Übrigen aus Kartoffeln ein Gebräu namens *chakta* gewonnen, von dem die Chronisten berichten, dass es noch wirkungsvoller gewesen sei.

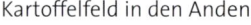

Kartoffelfeld in den Anden

Papas arrugadas

Auf den kanarischen Inseln, deren Bewohner schon immer engen Kontakt nach Südamerika unterhielten, hat sich der ursprüngliche Name für Kartoffeln erhalten – und ist hier mit einem ganz speziellen Rezept verbunden.

Zutaten

Papas arrugadas (walnussgroße Runzelkartoffeln)
Mit Meersalz hergestelltes Salzwasser
Lavastein
Mojo Verde und/oder Mojo Rojo

Anmerkung: *Papas arrugadas* sind in Deutschland gelegentlich in Spezialitätenläden erhältlich. Den Lavastein muss man allerdings aus dem Urlaub mitbringen.

Zubereitung

Die kleinen Runzelkartoffeln, deren Inneres leuchtend gelb ist, wurden ursprünglich in Meersalz gekocht. Heute gibt man viel grobes Meersalz in einen Topf mit Wasser.

Wenn die Kartoffeln halb gar sind, soviel Flüssigkeit abgießen, dass nur noch wenig Salzwasser auf dem Boden des Topfes verbleibt.

Anschließend den Topf mit einem Tuch bedecken, abermals aufkochen und schwenken. Der Wasserdampf kann so entweichen, das Salz bleibt im Topf, schlägt sich als weiße Kruste auf den Kartoffeln nieder und verrunzelt die Pelle.

Ein poröser Lavastein im Topf, der bis zum Schluss noch Feuchtigkeit hält, verhindert das Anbrennen der Runzelkartoffeln.

Man nimmt auf den Kanarischen Inseln übrigens immer denselben Topf, um Papas arrugadas zu kochen. Dieser Topf wird nie abgewaschen, um die Salzkruste zu erhalten. Zu Papas arrugadas isst man Mojo Verde oder Mojo Rojo.

Mojo Verde
Zutaten

4 Tassen Olivenöl
⅓ Tasse natürliches Mineralwasser
2 EL Weinessig
1 Bund Koriander
1 Bund glatte Petersilie
1 ganze Knolle Knoblauch
Meersalz, Pfeffer

Mojo Rojo
Zutaten

4 Tassen Olivenöl
⅓ Tasse natürliches Mineralwasser
1 EL Weinessig
2-5 scharfe getrocknete rote Pfefferschoten
2 TL Rosenpaprika
1 ganze Knolle Knoblauch
1 kleine Dose Tomatenmark
Meersalz, Kümmel

Zubereitung

Die Zutaten einfach im Mixer zerkleinern.

Die Kartoffelkunst der Andenindianer

Bis heute setzen uns die Monumentalbauten der andinen Hochkulturen in Erstaunen, vor allem, wie ihre Erbauer riesige, selbst unregelmäßige Steinquader fugengleich bearbeiten und zu Wänden aufschichten konnten. Die Festungsanlage Sacsahuaman in Cusco oder das sagenumwobene Machu Picchu legen ein besonders imposantes Zeugnis von der Hochblüte der Architektur im Inka-Reich ab.

Diese großartige Kunstfertigkeit zeigt sich auf anderen Gebieten gleichermaßen. Wenn auch die Andenreiche die Schrift noch nicht für sich erfunden hatten, so gab es doch Buchhaltungs- und Registriersysteme über Knotenschnüre, *quipu* genannt. Die Legierung von Kupfer und Zinn zu Bronze war bekannt. Der Bergbau, auch im Stollenverfahren, stellte einen der wirtschaftlich wichtigsten Arbeitszweige im Inka-Reich dar. Das Gießen von Figuren in Gold und Silber, wie überhaupt die Edelmetallbearbeitung, waren hervorragend entwickelt. Und noch heute zeugen die kunstvoll gewebten Decken und Gewänder vom textilen Können nicht nur

der Inkas sondern auch der ihnen vorangegangenen andinen Hochkulturen.

Unter den Kunsthandwerken, das heute in den Anden noch an die Kulturepochen der präkolumbischen Zeit anknüpft, ist insbesondere das Töpferhandwerk hervorzuheben – und dies nicht nur, weil es sich so oft des Kartoffelmotivs bediente. Aber genauso wenig wie die andinen Indianer das Rad erfunden hatten, kannten sie die Töpferscheibe. Dennoch zeugen ihre Tonwaren von höchster künstlerischer Qualität und sinnvollem Gebrauchswert. Dem Ton wurden teilweise auch quarzhaltige Mineralien beigefügt, so dass das Material gehärtet werden konnte. Später, aber nicht erst zur Inka-Zeit, arbeitete man bereits mit Formen, die eine „halbindustrielle" Serienfertigung von Töpferwaren ermöglichte. So entstanden Küchengefäße, Essschalen, mehrbeinige Töpfe, aber auch Figurengefäße mit menschlichen und tierischen Darstellungen, teilweise reich mit Ornamenten versehen. Das Auftreten der Kartoffel als keramisches Motiv setzte etwa ab 200 n.Chr. ein. Hie-

Oben: Kartoffelkultgefäße der andinen Mochica-Kultur (200-600 n. Chr.)

Unten und linke Seite: Weitere Kartoffelkultgefäße der andinen Mochica-Kultur (200-600 n. Chr.)

Kultgefäße vorinkaischer andiner Kulturen mit Kartoffel-,
Melonen- und Süßkartoffeldarstellungen

raus lässt sich der Schluss ziehen, dass zu diesem Zeitpunkt die Kartoffel längst ein gängiges Nahrungsmittel in den andinen Reichen darstellte. Von den mystischen Keramiken in Form von Kartoffeln mit menschlichen Zügen wie Nasenspitze und Oberlippe nimmt der englische Kartoffelforscher Redcliffe Salaman an, dass mit der menschlichen Gestalt der Tongefäße eine Art Kartoffelgeist dargestellt werden sollte, dem man sogar Blutopfer zu bringen hatte. Die Augen solcher keramischen Kartoffeln vertraten nach Salaman symbolisch den Mund und die langen Keime die Zähne.

Alle nützlichen Pflanzen waren nach Salaman in den religiösen Vorstellungen der präkolumbischen Indianer von einem Gott beseelt. Gerade bei den Nutzpflanzen trug diese Gottheit stark mütterlichen Charakter, wie es für die Maismutter *(sara-mama)*, die Kokamutter *(coca-mama)* und natürlich gleichermaßen für die Kartoffelmutter *(axo-mama)* galt. Durch besondere Riten sollte die Fruchtbarkeit dieser natürlichen Gottheiten die Fruchtbarkeit der Pflanze stärken. Wenn auch diese These von J.G. Hawkes, einem Schüler von Salaman, relativiert wird, so strahlen die Keramiken der andinen Indianer dennoch bis heute eine außerordentliche Faszination aus. Formenreichtum, Farbgebung und Ornamentierung spiegeln das tägliche Leben und die Vorstellungswelt der Menschen wider, bevor sie mit den ersten Europäern in Kontakt traten. Dass die Kartoffel dabei unter den Motiven immer wieder berücksichtigt wurde, zeigt letztlich nur, welch außerordentliche Bedeutung diese Ackerfrucht für die präkolumbischen Kulturen hatte.

Unten und linke Seite: Andine Kultgefäße

Erdtepffel

– Das erste deutsche Kartoffelrezept –

Das erste deutsche Kartoffelrezept wurde bereits zu einem Zeitpunkt niedergeschrieben, als es in Deutschland überhaupt noch keine Kartoffeln gab. Wir verdanken dieses Rezept dem Mundkoch des Kurfürsten von Mainz, Marxen Rumpolt. Rumpolt hatte im Jahre 1581 ein Kochbuch unter dem Titel *Ein new Kochbuch* (beim Verlag Feyerabendt, Franckfort am Main) herausgebracht. Dieses mit sehr schönen Holzschnitten illustrierte Buch, dessen Titelholzschnitt von niemand anderem als von Jost Ammann stammt, dem berühmtesten Zeichner für Holzschnitte und Kupferstecher seiner Zeit, hat Rumpolt wohl mehr für seine Fachkollegen und vielleicht für den Berufsnachwuchs geschrieben als für das gemeine Volk. Im Vorwort seines Kochbuches heißt es:

„Das ist/ Ein gründtliche beschreibung wie man recht vnd wol/ nicht allein von vierfuessigen/ heymischen vnd wilden Thieren/
sondern auch von mancherley Voegel vnd Federwildpret/
darzu von allem gruenen vnd duerren Fischwerck/ allerley Speiß/
als gesotten/ gebraten/ gebacken/ Presolen/Carbonaden/ mancherley Pasteten vnd Fuellwerck/ Gallrat/
etc. auff Teutsche/ Vngerische/ Hispanische/ Jtalianische vnnd Frantzoesische weiß/
kochen vnd zubereiten solle: Auch wie allerley Gemueß/
Obß/ Salsen/ Senff/ Confect vnd Latwergen/ zuzurichten seye.
Auch ist darinnen zu vernemmen/ wie man herrliche grosse Panncketen/ sampt
gemeinen Gastereyen/ ordentlich anrichten vnd bestellen soll.
Allen Menschen/ hohes vnd nidriges Standts/ Weibs vnd Manns Personen/ zu nutz jetz undt zum ersten in Druck gegeben/ dergleichen vor nie ist außgegangen/"

Erdtepffel (nach Rumpolt)

Zubereitung

Schel und schneidt sie klein, quell sie in Wasser /
und druck es wol auß durch ein Härin (grobes Tuch) /
hack sie klein /
und rößt sie in Speck / der klein geschnitten ist
nim ein wenig Milch darunter / und laß darmit sieden,
so wirt es gut und wohlgeschmack.

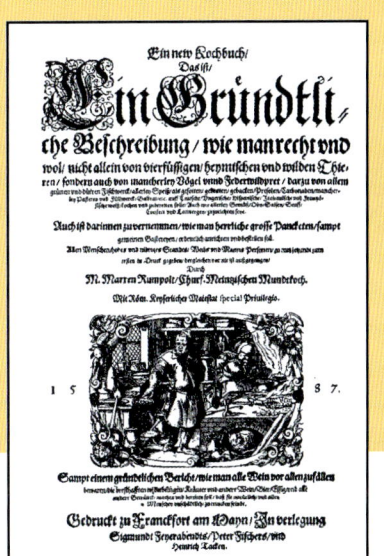

Rechts: Titelblatt der 3. Auflage des Kochbuches von Rumpolt
Linke Seite: Titelholzschnitt des Kochbuches von Rumpolt

Unter den 225 verschiedenen Gerichten des Kochbuches von Marxen Rumpolt finden sich bereits Zubereitungsanleitungen für die damals noch exotischen Früchte und Speisen aus der Neuen Welt, so z. B. ein Salat aus indianischen Bohnen, auch der Truthahn wird erwähnt – und ebenso gibt es ein Rezept für Kartoffeln. Dieses Kartoffelrezept befindet sich in dem Kapitel: Von allerley Zugemüß.

Das Rezept ähnelt dem Rezept für Schweizer Rösti. Rumpolt, ein gebürtiger Ungar, der in Italien, den Niederlanden, Polen, Ungarn, Böhmen, Österreich und Deutschland vieler Herren Koch war, gibt nicht an, wo er diese Rezeptur kennen gelernt oder ausprobiert hat. Er schreibt nur im Vorwort, er „habe nichts aus anderen Büchern abgeschrieben, sondern alles mit eigener Hand an der Herren Höfe, so ich gedient, zugerichtet".

Kartoffeln aus Italien

Man kann davon ausgehen, dass Rumpolt die Kartoffeln und ihre Zubereitungen in Italien kennen gelernt hat, denn dort wurden Kartof-feln schon lange angebaut, bevor sie auf ihrem Weg von Südamerika nach Deutschland gelangten. Es war ein weiter Weg, und leider interessierten sich jene Europäer, die als erste mit Kartoffeln in Berührung kamen, die spanischen Eroberer des Inka-Reichs, überhaupt nicht für die nahrhaften Knollen. So verwundert es auch nicht, dass wir bis heute nicht wissen, welcher Europäer als erster Kartoffeln gesehen und auch erkannt hat, dass es sich hierbei um eine Pflanze von besonderer Bedeutung handelt. Man darf mit Recht annehmen, dass Francisco Pizarro auf seinem Eroberungszug durch die Anden von Tumbes bis Cajamarca, wo er am 16. November des Jahres 1532 den letzten Inka-Herrscher Atahualpa durch eine List überrumpeln und gefangen nehmen konnte, zwangsläufig mit dem Kartoffelanbau in Berührung gekommen ist. Berichte hierüber gibt es jedoch nicht, denn die Aufzeichnungen vom Eroberungszug Pizarros beschäftigen sich nicht mit dem Kartoffelanbau der indianischen Urbevölkerung.

Nur wenige Jahre später betrat ein weiterer spanischer Konquistador südamerikanischen

197. Erd-Aepffel zu kochen/ auf andere Art.

Waschet die Erd-Aepffel/ setzets in einem Wasser zu/ und laßt sie sieden/ biß man vermeint/ daß sie fast weich sind/ und die Haut herab geht; thut sie alsdann in eine erdene Schüssel/ schälet und schneidet sie zu Plätzlein/ die nicht gar zu dünn sind/ legt sie in einen stollichten Hafen/ gießt eine gute Fleischbrüh daran/ würtzets mit Pfeffer und Muscaten-Blüh/ und laßt sie ein wenig in Fleischbrüh sieden: Alsdann/ wann man sie schier anrichten will/ thut eine Butter dazu/ brennet ein wenig Mehl darüber/ setzets in ein Kohlen/ und lassets sieden/ daß ein dicklichtes Brühlein daraus werde; versuchets/ obs recht in Saltz sind/ und richtets dann

Frühe Kartoffelrezepte aus dem Nürnberger Kochbuch von 1694

Boden: Jiménez de Quesada begab sich 1536 vom (heute kolumbianischen) Santa Marta an der karibischen Küste aus auf die Suche nach dem sagenhaften Goldland El Dorado. Die Sage von El Dorado beruht auf einem religiösen Brauch des andinen Volksstammes der Muisca, die im heutigen Kolumbien lebten. Dieser Sage zufolge fuhr ihr Häuptling – ganz mit Goldstaub überzogen – in regelmäßigen Abständen zum heiligen Guatavita-See in der Nähe der heutigen Stadt Bogota, wo er den Göttern Opfer darbrachte und sich dann den Goldstaub im Wasser abwusch.

Wer solchermaßen mit Gold umgeht, der muss dieses Edelmetall im Überfluss besitzen – und schon war die Legende vom sagenhaften Goldland geboren. Nicht nur Quesada, sondern auch andere spanische Konquistadoren waren dem Gerücht des Goldlandes begierig gefolgt. Und auch die Deutschen G. Hohermuth und Philipp von Hutten wie auch der englische Seeheld und Seeräuber Sir Walter Raleigh, von dem im Zusammenhang mit der Einführung der Kartoffel in England und Irland noch die Rede sein wird.

Der Vorstoß von Quesada verlief allerdings enttäuschend, denn die Muisca besaßen entgegen der gehegten Hoffnung keine eigenen Gold-

minen, sondern „nur" eingetauschtes Gold – das Edelmetall tauschten sie mit Nachbarvölkern gegen Salz ein, dass sie aus andinen Salinen gewannen.

Von Santa Marta aus war Quesada mit seiner Truppe unter größten Entbehrungen und häufigen Angriffen der Indianer den Rio Magdalena aufwärts marschiert. Im Jahre 1537 im Valle de la Grita in der heutigen kolumbianischen Provinz Velez entdeckten sie offenkundig erstmals Kartoffeln. Hierüber liegt jedenfalls ein erster Bericht eines namentlich nicht mehr bekannten Zeugen aus der Truppe von Jimenez Quesada vor, der etwa 1550 verfasst worden war und im Jahre 1920 in Bogota unter dem Titel *Epitome de la conquista del Nuevo Reino de Granada* erschien.

Lange Zeit wurde auch ein Bericht des Juan de Castellanos *Elegias de varones ilustres de Indias* als Augenzeugenbericht der Expedition von Quesada eingestuft. Die Autorenschaft des 1601 abgeschlossenen und erst 1886 veröffentlichten Manuskriptes unterlag jedoch einer Namensverwechslung. In Quesadas Truppe war zwar auch ein Castellanos, der besagte Autor jedoch tauchte erst im Jahre 1541 in der Karibik auf. Wenn seine Angaben somit nur aus zweiter Hand stammen können – aus anderen Manuskripten, vielleicht auch basierend auf Zeugenberichten – so sind seine Beschreibungen dennoch so interessant, dass es sich lohnt, die Passage über Kartoffeln zu zitieren: „Die Häuser (der Indianer) enthielten alle Vorräte von Mais, Bohnen und Trüffeln (=Kartoffeln), rundlichen Knollen, die gesät werden und einen Stamm mit Ästen und Blättern hervorbringen, und einigen Blüten, wenngleich wenigen, von sanfter lila Farbe. Und was die Knollen dieser gleichen Pflanze anbetrifft, die etwa 70 cm hoch ist, so sind diese unter der Erde mit ihr verbunden, etwa von der Größe eines Eies, einige rund, andere länglich. Diese mehligen Knollen sind weiß und lila und gelb und von gutem Geruch, eine Delikatesse für die Indianer und ein Leckerbissen sogar für die Spanier."

Die bekannteste frühe Kartoffelbeschreibung aber stammt von Pedro Cieza de Leon, der Sebastián de Belalcázar, einen weiteren spanischen Konquistador, auf dessen Eroberungszug nach El Dorado – diesmal von Peru aus – begleitete. Ciezas Expeditionsbericht erschien bereits 1553 in Sevilla unter dem Titel *La crónica del Peru*. Und in diesem Bericht schreibt er unter anderem: „Neben Mais gibt es zwei weitere Produkte, die das Hauptnahrungsmittel der Indianer darstellen. Eines wird Kartoffel genannt und ist eine Art Erdnuss, welche, nachdem sie gegart ist, so zart wie eine gekochte Kastanie ist und

nicht mehr Haut als eine Trüffel hat und sie wächst in der gleichen Weise unter der Erde. Diese Wurzel bringt eine Pflanze wie den Mohn hervor." Das andere erwähnte Hauptnahrungsmittel, auf das Cieza im Weiteren eingeht, ist Quinoa, die Reismelde.

Aber Cieza war nicht der erste Europäer, der über Kartoffeln berichtete. Nach unserem heutigen Kenntnisstand kommt diese Ehre Francisco López de Gómara zu, der bereits 1542 in seiner *Historia General de las Indias* ausführt: „Die Menschen leben im Hochland von Peru schon Hunderte von Jahren: ihnen fehlt der Mais und sie essen die Knolle so ähnlich wie Trüffeln, die sie papas nennen."

Interessant ist an diesen frühen Berichten über Kartoffeln, dass ihre Autoren immer wieder die Ähnlichkeit ihrer Knollen mit Trüffeln hervorheben. Dabei bedienen sie sich des italienischen Wortes *tartufolo*, aus dem sich das deutsche Wort Kartoffeln ableitet, nicht aber des spanischen Wortes *trufa* für Trüffeln. Das wiederum lässt die Schlussfolgerung zu, dass zum Zeitpunkt des Verfassens dieser Berichte die Kartoffeln in Italien bereits bekannt waren. Und tatsächlich waren zu jener Zeit bereits dem Papst Kartoffeln als Geschenk überreicht worden. Von Italien aus, wo wahrscheinlich auch Rumpolt die Kartoffeln kennen lernte, fanden sie schließlich ihren Weg nach Deutschland.

Rösti

Zutaten

800 g rohe Kartoffeln

1 TL Salz

40 g Öl

100 g Speckwürfel

Zubereitung

Die Speckwürfel in der Pfanne anbraten.

Die Kartoffeln schälen und gut getrocknet fein reiben, einen Teelöffel Salz und die Speckwürfel hinzufügen, alles sorgfältig miteinander vermischen.

Die Bratpfanne ohne Fett auf höchster Stufe erhitzen und ca. 20 g Öl rauchheiß erhitzen. Die vorbereiteten Kartoffeln in die heiße Pfanne geben, leicht andrücken, mit dem Pfannenheber vom Rand lösen. Nicht rühren, damit der Ölfilm nicht zerstört wird, sonst klebt die Kartoffelmasse an. Nach ca. 1 Minute auf mittlere Hitze reduzieren und die Rösti ca. weitere 10 Minuten backen lassen.

Wenn die erste Seite fertig ist, die Rösti in der Pfanne wenden und die zweite Seite genauso wie die erste Seite ebenfalls ca. 10 Minuten backen.

Apfel-Rösti

Zutaten (für 4 Portionen)

1 kg festkochende Kartoffeln

500 g feste Äpfel

3-4 Löffel Butterschmalz

100 g Crème fraîche

2 EL gestoßenen Koriander, Salz, Pfeffer aus der Mühle

Zubereitung

Kartoffeln kochen.

Kartoffeln schälen und raffeln, Äpfel schälen, entkernen und stifteln. Äpfel und Kartoffeln mischen und mit Pfeffer und Salz würzen.

Butterschmalz in einer Pfanne zerlassen und die Kartoffel-Apfel-Masse portionsweise hineingeben. Auf jeder Seite bei schwacher Hitze etwa 7 Minuten goldbraun braten. Gegen Ende der Bratzeit die Rösti vom Rand her zusammenschieben und braten, bis eine zusammenhängende Kruste entsteht.

Rösti mit einem Klecks Crème fraîche und etwas Koriander servieren.

Zubereitungszeit: 60 Minuten

Anmerkungen

Nach dem Reiben müssen die Kartoffeln sofort gebraten werden, da sie sonst Wasser ziehen und an der Luft oxidieren.

Für Rösti aus gekochten Kartoffeln müssen die Kartoffeln 2 bis 3 Tage früher gekocht werden. Man benötigt zudem etwas mehr Öl als bei der Zubereitung mit rohen Kartoffeln.

Tarthopholi

– Die Bratkartoffeln des Landgrafen Wilhelm IV. von Hessen-Cassel –

Offensichtlich hat es schon sehr früh einen feldmäßigen Kartoffelanbau in Italien gegeben. Eine Quelle hierüber findet sich im 1623 posthum erschienenen Buch des Paters *Magazzini de Vallombrosa Dell' Agricoltura Toscana*, demzufolge in Vallombrosa die Mönche des Karmeliterordens Kartoffeln anbauten. In diesem Zusammenhang wird auch immer wieder auf eine Geschichte verwiesen, wonach der spanische König Philipp II. im Jahre 1565 eine Kiste mit Kartoffeln aus Cuzco in Peru erhalten haben und diese Kostbarkeit dem Papst als Geschenk zugeschickt haben soll.

Einer weiteren Quelle zufolge hatte der Papst diese „schmackhafte Frucht" zur Wiederherstellung seiner angeschlagenen Gesundheit „mit Wohlbehagen" empfangen. Einen Teil seiner Knollen soll er dem noch kränklicheren Legaten des Heiligen Stuhls in den Niederlanden überlassen haben, der seinerseits dem Präfekten von Mons im Hennegau, Philippe de Sivry, eine Probe übersandte. Zwei dieser Kartoffeln – und im übrigen auch eine Kartoffelbeere – überreichte der Präfekt dann dem wohl berühmtesten Botaniker seiner Zeit, den zuvor bereits vorgestellten Charles de L'Écluse (1524-1609), der seinen Na-

men, wie damals üblich, latinisierte und sich Carolus Clusius nannte.

Clusius war als Leiter des Botanischen Gartens in Wien und später in Frankfurt aus wissenschaftlichen Gründen an der exotischen Kartoffelpflanze interessiert. Das ernährungsbezogene Anbauinteresse Südeuropa war für den Norden jedoch zunächst einmal zweitran-

Tarthopholi

Dieses Kartoffelrezept des Landgrafen Wilhelm IV. von Hessen-Cassel ist das älteste bekannte Bratkartoffelrezept.

Zubereitung:
Dieselben, wenn sie gekocht werden,
sind gar anmutig zu essen.
Man muss sie erstlich in Wasser aufsieden lassen,
so geht die oberste Schale ab,
danach tut man die Brühe davon und siedet sie in Butter vollends gar.

Kartoffeln im Universal Lexikon (1733)

Das von Johann Heinrich Bedler im Jahre 1733 in Halle und Leipzig verlegte Universal Lexikon ist das erste umfangreiche Nachschlagewerk in Deutschland. Hier wird unter dem Stichwort „Tartuffeln" die Kartoffelpflanze beschrieben, der Umgang mit der Knolle erläutert und man findet einige raffinierte Kartoffelrezepte:

„.... ein Gewächs, so den Alten unbekannt, bey den neuen Botanisten Solanum tuberosum esculentum, oder Papas Peruanorum, weil es aus Peru zu uns gekommen, heisset, und eine fremde Art von Erdäpfeln ist, welche aus der Amerikanischen Landschafft Peru anfänglich zu uns gebracht worden, nunmehro aber auch in unsern Gärten häufig angetroffen werden. Das Kraut hat gelbe Wurzeln und purpurfarbene Blumen, welche letztere Art gemeiner ist, als jene. Die Früchte gleichen kleinen Aepfeln, welche erstlich ganz grün, hernachmahls aber, wenn sie reif werden, weißlicht und voll Saamens sind. Sie können zwar durch den Saamen fortgepflanzet werden, aber besser und geschwinder durch die Knollen, welche im October ausgehoben, die grössesten zur Speise behalten, die kleinen aber in den Keller und Sand geleget, und im Frühlinge bey vollem Mondenscheine in ein wohl zugerichtetes, etwas sandiges Erdreich, drey Zoll tief, und einer Spahnen weit von einander eingeleget werden. Man darf aber diese Tartuffeln nicht etwan mit den Erdmorgeln verwechseln, welches blosse Erdschwamme seyn, und von den Italienern unter even diesem Nahmen zu uns gebracht werden. Man pfleget sie in Wasser abzukochen, alsdenn die Haut davon abzuziehen, und in Weine, oder in einer guten Fleisch- oder Hünerbrühe mit Butter, Salz, Muscatenblumen, und vergleichen nochmahls zu übersieden, oder an Rind-

und Hammelfleisch zu thun, oder scheibenweise geschnitten, in Oele zu backen, oder eine Zwiebel- oder Zitronenbrühe darüberzumachen, oder kalt mit Baumöle, Weineßige und weissen Pfeffer zuzurichten, als z. B. Tartuffein in Baumöle zu putzen. Nehmet Tartuffeln, so in Oele liegen, thut sie heraus in warmes Wasser, waschet sie rein ab, und schälet sie, als man eine Erdbirne schälet.

Tartuffeln mit Oel warm: Schnedet die Tartuffeln, wenn sie gepuzet sind, scheibenweis, hernach thut sie auf einen Teller oder Schüssel; würzet sie mit weissen Pfeffer, Cardamomen und Zitronenschalen ab, giesset ein wenig Fleischbrühe und Wein daran, streuet ein wenig klar geriebene Semmel darüber, setzet es auf Kohlenfeuer; schüttet drey bis vier Eßlöffel Garßerdl dran, und drücket den Safft von zweyen Zitronen darein, so möget ihr anrichten.

Tartuffeln mit Oel und Eßig: Schneidet selbige als vorherstehend, wenn sie vorher sauber geputzt worden, scheibenweis, richtet sie auf einen Teller oder Schüssel an, giesset Garzerdl und guten Weinessig drauf, streuet klein geschnittene Zitronenschalen und weissen Pfeffer drüber, und lasset es auftragen.

Tartuffeln mit einer Zitronensosse: Wenn die Tartuffein vorher beschriebenermasen gewaschen und gepuzet sind, so schneidet sie scheibenweis, thut solche in einen Tiegel oder Schüssel, streuet klar geriebene Semmel dran, würzet sie mit Muscatenblüten, Zitronenschalen und Cardamomen, legt ein Stück ausgewaschene Butter dran, giesset gute Brühe und ein wenig Wein darauf, sezet sie auf das Feuer und lasset sie gar sachte kochen; wollet ihr sie anrichten und zu Tische tragen, so drücket von ein Paar Zitronen den Safft darein." ■

gig. Hier war das Interesse an allen botanischen Neuigkeiten aus dem gerade eroberten südamerikanischen Kontinent aus ganz anderen Gründen immens groß. So war es hier eher eine Mode, sich mit den bis dahin unbekannten Pflanzenraritäten als optische Attraktion zu umgeben. Auch der medizinische Nutzwert war von Interesse. Und so nahm wie viele andere Pflanzen auch die Kartoffel in Mitteleuropa zunächst als seltene, exotische Zier- und Heilpflanze den Weg in die „medizinischen Gärten" zahlreicher Gelehrtenschulen und Universitä-

ten, aber auch in die „Lustgärten" weltlicher und geistiger Fürsten. Hier und da fand man sie wahrscheinlich auch in einigen Küchengärten von Klöstern und reichen Patrizierfamilien. Die Kulturhistoriker Hans J. Teuteberg und Günter Wiegelmann schildern treffend die Funktion der Kartoffel zur damaligen Zeit: „Die Essbarkeit wurde von Anfang an überall klar erkannt und auch verschiedene Möglichkeiten der Zubereitung breit erörtert. Aber dies war offenbar nur in medizinisch-diätetischer Hinsicht gemeint, weshalb man die Kartoffel in allen bota-

Die Kartoffeln und der Zehnt

Aus einem Anbauverzeichnis der Gemeinde Pilgramsreuth nahe dem Fichtelgebirge weiß man, dass hier in der zweiten Hälfte des 17. Jahrhunderts der feldmäßige Kartoffelanbau rasch zunahm. Es wird von einem Jahresertrag von 1300 Zentnern aus über 700 Beeten berichtet. Hinzu kamen noch die Erträge aus den Gartenbeeten, die jeder der etwa 50 Bauern im Ort vorwiegend mit „Erdäpfeln" bepflanzte, „... und zwar von Anfang an, weil diese Gärten, anders als die Felder, von alters her zehntfrei gewesen sind", wie es in der Informationsschrift „Der feldmäßige Kartoffelanbau in Bayern" der Stadt Rehau, zu der Pilgramsreuth heute gehört, steht.

Als Pfarrer Mathäus Keppel die Pfarre von Pilgramsreuth übernahm, war der Ort schon von Kartoffelfeldern umgeben – was seine Einkünfte schmälerte, weil die neuen Ackerkulturen wie

Flachs, Hanf, Rüben, Kraut, Wicken und eben auch die Kartoffeln in den seit dem Mittelalter geltenden Zehntregistern nicht enthalten waren und die Bauern sich deshalb weigerten, hierfür den Zehnt zu entrichten. Von Kartoffeln könne man keinen Getreidescheffel rechnen, meinten sie, die Zehntvorschriften würden nur Körnerabgaben vorsehen. So berichtete Pfarrer Keppel über seine Bauern an seinen Vorgesetzten in Hof: „Sie haben sich allhier und anderwärts vor Jahren noch unbekannter Feldfrucht, Erdäpfel genannt, bedient, daß ein einziger Einwohner für sich fast ¼ Tagwerk mit derselben bepflanzt, indem sie solche in die besten Felder pflanzen und zum besten alljährlich düngen."

Später unternimmt Pfarrer Keppel selbst Anbauversuche mit Kartoffeln mit dem Ergebnis, dass der Verkaufserlös im Verhältnis zum Getreide ungleich höher war. So trug er am 3. Februar 1696 in einem Schreiben an das Landgericht zu Hof sein Kartoffelproblem vor und führt aus: „Solche Feldfrucht Erdäpfel trifft man weder in Bayreuth, Kulmbach, noch im Unterland, auch in Hof nicht an." Dort würde, so Keppel, höchstens „eine andere Art, so man bey uns

nischen Katalogen stets nur unter den Garten- und Arzneipflanzen aufführte."

Dieses eher botanisch-medizinische Interesse war es auch, das dazu führte, dass dem Landgrafen Wilhelm IV. von Hessen-Cassel Kartoffeln zugeführt wurden, denn auch der Landgraf verfügte über mehrere Gärten mit exotischen Pflanzen. Von ihm ist das zweitälteste deutsche Kartoffelrezept aus dem Jahre 1591 überliefert, und zwar in einem Begleitbrief zu einer Sendung verschiedener seltener ausländischer Pflanzen aus seinen Gärten an Kurfürst Christian I. von Sachsen: „Wir überschicken Euer Liebden einn Schatelln voll einer anderenn Art gewächße oder Erdtnuß, so wir vor wenig Jahren aus Italien bekommen und so man Tarthopholi nennet. Dasselbe wächst in der Erde tragenn feinne Rotte blume, und unten an den Wurzeln hat es viele tubera hängen; dieselben, wenn sie gekocht werden, sind gar anmutig zu essen."

Clusius stand selbstverständlich mit den führenden Botanikern seiner Zeit in Verbindung. Er sandte ihnen – wie auch botanisch interes-

Erdbirn nennet, gar ein wenigs in den Gärten gefunden". Pfarrer Keppel berichtete noch, dass die Bauern „anfänglich solche Frucht verabscheut und sich in deren Genießung der abscheulichsten Krankheiten besorget, auch, da einem Bauern ein Ochs umgefallen, alle Inwohner allhier gemuthmaßet, es müßte solches Vieh durch das Erdäpfelkraut so man ihm zu fressen gegeben, vergiftet worden und deswegen verrecket sey, wiewohl dieses falsa opinio (= falsche Meinung) als die Erfahrung bishero bezeuget", Mensch und Tier würde diese Frucht wohl angedeihen. Der Pfarrer gab auch seine Beobachtung bekannt, nach der die Bauern sich nicht im Gemeindehaus nahe dem Pfarrhaus über ihr Vorgehen berieten, sondern außerhalb auf freier Flur und sogar einmal zu Mitternacht.

Zum 24. März 1697 rief der Hofer Landrichter die Zeugen zur Vernehmung ein, die über den Beginn und die Ausbreitung des Erdäpfelanbaues in Pilgramsreuth berichten sollten. Es waren fünf schon betagte Männer, alle in Pilgramsreuth aufgewachsen und mit dem Sachverhalt persönlich betraut. Nicol Seidel zum Beispiel sagte aus, dass die Erdäpfel vor 50 Jahren (=1647!) aufgekommen wären. Um diese Zeit hätten auch seine Eltern schon ein wenig Erdäpfel angebaut. Als die Leute gesehen hätten, dass die neue Frucht „gut thue", hätten sie von Jahr zu Jahr mehr gesteckt.

Pfarrer Keppel bestand darauf, dass ihm der Zehnt, wie er seit Stiftung der Frühmesse gegolten hat, auch von Kartoffeln zu reichen sei. Die Einkünfte benötigte Keppel für seine vielfachen Maßnahmen in der Pfarrei. Er ließ die Kirche, einst eine kleine romanische Kapelle, inzwischen gotisch umbauen und mit einer spätbarocken Inneneinrichtung versehen. In dem von 1694 bis 1698 dauernden Streit zwischen den Bauern und Pfarrer Keppel kam es am 17. Mai 1698 zu einem Vergleich zwischen den Parteien. Der Rehauer Pfarrer Peter Ernst Hugo führte ihn im „Gemein-Haus" von Pilgramsreuth herbei. Die Bauern verpflichteten sich, „die Übermaß von solchen neu eingeschlichenen Erdäpfeln in der ganzen Pfarr abzuschaffen", außerdem sollten nur noch zwei bis drei ackerlange Beete zehntfrei bleiben. Die Bauern erstatteten ihrem Seelsorger sogar 20 Gulden Prozesskosten! ∎

sierten Fürsten und Herrschern – noch im Jahre 1588 Knollen aus seiner ersten Frankfurter Ernte zu. Zu den Empfängern zählten unter anderem Camerarius II., Botaniker-Kollege und Sohn des berühmten Bamberger Humanisten Joachim Camerarius, für den Botanischen Garten in Nürnberg, sowie Caspar Bauhin in Basel, der schon wenig später Kartoffeln in seinem 1596 erschienen Werk *Phytopinax* beschrieb. Und es ist davon auszugehen, dass auch Landgraf Wilhelm IV. von Hessen-Cassel seine Kartoffeln von Clusius erhalten hatte.

Minuten-Kalbsschnitzel mit Rosmarin-Bratkartoffeln

Zutaten (für 4 Personen)

1 kg kleine vorwiegend festkochende Kartoffeln

80 g Butterschmalz

200 g Champignanons

1-2 Zwiebeln

2 Frühlingszwiebeln

2-3 Stiele Rosmarin

Salz, gemahlener Pfeffer

12 dünne Kalbschnitzel

Saft einer Zitrone

Zubereitung

Die Kartoffeln waschen, evtl. bürsten, längs halbieren und vierteln.

60 g Butterschmalz in einer Pfanne erhitzen und die geviertelten Kartoffeln dazugeben. Die Kartoffeln mehrmals durchschwenken und gleichmäßig braten.

Champignons putzen und vierteln. Die Zwiebeln in feine Würfel schneiden, die Frühlingszwiebeln waschen und schräg in Ringe schneiden.

Wenn die Kartoffeln schön gleichmäßig goldbraun sind, die Champignons und Zwiebelwürfel untermischen und ca. 5 Minuten braten.

Währenddessen Rosmarin klein hacken und mit den Frühlingszwiebeln zusammen unter die garen Kartoffeln rühren. Mit Salz und Pfeffer würzen und in 1-2 Minuten fertig braten. Anschließend die Bratkartoffeln im Ofen warm stellen.

In einer Pfanne 20 g Butterschmalz erhitzen und die dünnen Kalbsschnitzel natur von beiden Seiten 2 bis 3 Minuten auf Herdstufe 3-4 braten. Mit Salz und Pfeffer würzen und vor dem Anrichten mit Zitronensaft beträufeln.

Schnitzel und Kartoffeln auf vorgewärmten Tellern anrichten und mit Rosmarinzweigen garnieren.

Zubereitungszeit: 45 Minuten

Die Matrosen hatten ein hartes Leben auf den alten Segelschiffen.

Labskaus

– Wie Kartoffeln schwimmen lernten –

Es gibt wohl kaum ein Kartoffelrezept, das so „sagenumwoben" ist und über das so viel geschrieben wurde wie über Labskaus. Und es gibt kein Kartoffelrezept, das in so vielen Varianten existiert. Und in der Tat, ein Labskaus kann und darf auch nicht so schmecken wie ein anderes. Dies erklärt sich schon alleine aus der Geschichte dieses Rezeptes: Labskaus war ursprünglich ein Seemannsgericht aus der Windjammerzeit, als Matrosen auf hölzernen Schiffen über die Weltmeere fuhren. Die Windjammerfahrten dauerten Wochen, oft auch Monate, und frische Nahrungsmittel waren schnell verbraucht oder bald verdorben. Da war der Smutje froh, wenn er in die Tonne mit Pökelfleisch greifen und noch diese oder jene Zutat beifügen konnte. Die aber war häufig schon nicht mehr so genau zu definieren. Auf jeden Fall waren beim echten Labskaus aber Kartoffeln dabei. Es handelte sich bei dieser Rezeptur, wie es der Publizist Rudolf Walter Leonhard einmal ausdrückte „schlicht um das Bemühen, Dörrfleisch, das um seiner Haltbarkeit an Bord genommen wurde, einigermaßen genießbar oder schmackhaft zu machen".

Die Matrosen der Windjammerzeit taten wahrlich einen schweren Dienst. Pökelfleisch gab ihnen die erforderliche Kraft, und die Kartoffeln die notwendigen Vitamine – Labskaus verband beides in idealer Weise.

Alle Wege führen nach Liverpool

Die Herkunft des Wortes „Labskaus" ist nicht ganz eindeutig geklärt. Da wird beispielsweise auf die Wortbestandteile *labs* (=lang) und *kaus*

(=kauen) verwiesen. Wen wird das bei einer solch dubiosen Kombüsenmischung auch wundern? Auch glaubt man, einen Bezug zum niederdeutschen Wort Kaus (=Schüssel, Schale) zu finden, so dass hinter dem Begriff eine „Schüssel Gehacktes" vermutet werden kann. Doch mittlerweile geht man davon aus, dass das Wort „Labskaus" seinen Ursprung in Liverpool hat, wobei das englische Wort „lobscou(r)se" zur Deutung herangezogen wird. Mit der Abkürzung *scouse* bezeichnet man den Dialekt von Liverpool. Die Bewohner von Liverpool werden auch *scouser* genannt. Manch einer glaubt, dass irische Einwanderer dieses Gericht als Arme-Leute-Essen nach Liverpool gebracht haben. Aber die waschechten *scouser* bleiben dabei, dass „lobscouse" in Liverpool heimisch sei. Wie dem auch sei, der britische Ursprung eines so typischen Seefahrergerichts wie Labskaus überrascht nicht, beherrschten doch die Engländer über viele Jahrhunderte die Weltmeere.

Scharbock – wenn den Matrosen die Zähne ausfallen

Vor den Engländern waren es die Portugiesen und Spanier, die die Ozeane und den europäischen Fernhandel beherrschten. Und den Schiffseignern von der iberischen Halbinsel war schon bald die Bedeutung der Kartoffel für die christliche Seefahrt bewusst geworden. Die großen Fortschritte im Schiffbau im 14. und 15. Jahrhundert ermöglichten immer längere Seereisen in immer fernere Gegenden, ohne dass die Bordverpflegung diesen neuen Herausforderungen gewachsen gewesen wäre. So entwickelte sich der Skorbut, mehr noch als die See mit all ihren Tücken, zum Schrecken der Seefahrt. Als Vitamin-C-Mangelkrankheit verursachte dieser Scharbock, wie das Leiden im Mittelalter genannt wurde, zunächst einmal Gewichtsverlust, dann Blutungen im Zahnfleisch, in den Gelenken und in der Haut. Im weiteren Krankheitsverlauf erschlaffte die Muskulatur. In der Folge waren die Matrosen immer weniger in der Lage, die schwere körperliche Arbeit an und unter Deck zu leisten. Die Zähne fielen ihnen aus, und wegen der allgemeinen Abwehrschwäche ihres Körpers wurden sie von Infektionen vielfältigster Art heimgesucht.

Die Symptome des Skorbuts verschwinden schnell, sobald wieder Vitamin-C-reiche Kost verzehrt wird, zum Beispiel frisches Obst und Gemüse – oder die vitaminreichen Kartoffeln. Vor allem die Spanier, die sich ja in Südamerika, dem Herkunftsgebiet der Kartoffel, als Kolonialmacht etabliert hatten, erkannten schnell, wie haltbar Kartoffeln sind, und dass sie sich vorzüglich als Schiffsproviant eignen. So bunkerten ihre Karavellen immer häufiger Kartoffeln, und so waren es auch die Spanier, die als erste Kartoffeln nach Europa brachten.

Sevilla – die Ausgabenbücher des Hospitals de la Sangre

Trotz der zunehmenden Bedeutung der Kartoffel für den spanischen Seeverkehr nach Südamerika hat es aber beträchtliche Zeit gedauert, bis man die Knollen auch im spanischen Mutterland anbaute. Und der erste Hinweis auf einen feldmäßigen Anbau findet sich auch nicht in landwirtschaftlichen Aufzeichnungen, sondern im Ausgabenbuch des Hospitals de la Sangre in Sevilla. Hier gibt es unter den Abrechnungen des Jahres 1573 den ersten Hinweis auf einen Kartoffeleinkauf. Denn die Mediziner dieses Hospitals in Sevilla hatten offen-

Labskaus

Zutaten (für 4-6 Personen)

500 g gepökeltes Rindfleisch

½ l Wasser

2 Salzheringe

2 kg mehligkochende Kartoffeln

2 Zwiebeln (je 100g)

1 EL Schweineschmalz

150 g Rote Beete

2 Gewürzgurken

Zubereitung

Rindfleisch unter kaltem Wasser abspülen. Wasser in einem Topf mit dem Wasser aufkochen. Fleisch darin 45 Minuten garen. Salzheringe putzen und entgräten. 20 Minuten in einer Schüssel wässern.

In der Zwischenzeit Kartoffeln schälen und waschen. In einem Topf mit kaltem, aber nicht gesalzenem Wasser aufsetzen und vom Kochen an 20 Minuten garen. Abgießen und trocken dämpfen.

Fleisch aus der Brühe nehmen, in grobe Stücke schneiden. Mit Kartoffeln und Heringen durch den Fleischwolf (kleine Scheibe) drehen.

Zwiebeln schälen und würfeln. Schweineschmalz in einem Topf erhitzen, Zwiebeln darin glasig dünsten. Die Labskausmasse zugeben, unter ständigem Rühren erhitzen. Rote Beete und Gewürzgurken klein würfeln und unterheben.

Beilagen

Rote Beete, Salzgurken, längs aufgeschnitten und pro Person ein Spiegelei.

Zubereitungszeit: 105 Minuten

Anmerkung: Man kann statt Rindfleisch auch Corned Beef würfeln oder mit der Gabel zerdrücken und zuletzt unterheben.

sichtlich den ernährungsmedizinischen Wert der Kartoffel genauso erkannt wie die Seefahrer oder ihr Wissen von diesen erhalten. Weitere Eintragungen in den Folgejahren weisen aus, dass die Kartoffeleinkäufe immer im Herbst erfolgten, also zur europäischen Erntezeit. Hätte es sich um südamerikanische Kartoffeln gehandelt, hätte man die Einkäufe unter Anrechnung der Dauer einer Seereise nach Spanien durch die jahreszeitliche Umkehr der Erntezeit auf der Südhalbkugel spätestens im Sommer tätigen müssen. Somit ist also eindeutig geklärt, dass die Kartoffeln, die das Hospital im Herbst 1573 erworben hatte, auch im Umkreis von Sevilla angebaut worden waren. Dass der erste Anbau von Kartoffeln ausgerechnet in Sevilla erfolgte, überrascht nicht, denn diese Stadt war der Haupthafen der spanischen Südamerikafahrer.

Das Los der Matrosen

Schiffsbesatzungen waren früher wild zusammengewürfelt. Matrosen aus aller Herren Länder taten ihren schweren Dienst auf den Windjammern. Und dass sie nicht immer freiwillig an Bord gekommen waren, ist auch hinlänglich bekannt. Oft wurden die Besatzungen zu ihrem Dienst gepresst, was noch bis in das vorige Jahrhundert hinein keinesfalls außergewöhnlich war. So ist es auch nachvollziehbar, dass die Schiffseigner nur so viel Wert auf die Matrosenverpflegung legten, wie zum Erhalt ihrer Arbeitskraft erforderlich war. Fürstlich wurden die Seeleute also nicht verpflegt. Dazu waren die Bedingungen für Lagerung und Zubereitung der Mahlzeiten an Bord ja auch viel zu unzureichend. Carsten Prange schreibt dazu in seinem Buch Die Ernährung an Bord im Wandel der

Zeit, dass sich beispielsweise ein Gericht wie Labskaus nur „auf Grund der Besonderheiten auf See" herausbilden konnte. „Da bei hohem Seegang das Kochen vielfach unmöglich, zudem auf Holzschiffen aus feuertechnischen Gründen nur eine Kochstelle vorhanden war, bot sich als Ersatz eine kalte und zumeist unfertige Mischkost an. Diese bestand häufig aus Pökelfleisch, Stockfisch und Gemüse, die zuerst mit Mehl und Wasser, später mit Kartoffeln versetzt wurde." Anderen Quellen zufolge blieb der Smutje, gerade wenn er ein Labskaus zubereitet hatte, „während des Essens vorsichtshalber in seiner Kombüse".

Die Situation der Matrosen auf den Windjammern besserte sich erst im 19. Jahrhundert mit der Einführung der schnellen Clipper, die Segelfahrten kürzer und berechenbarer machten, und dann mit den Dampfschiffen, auf denen die Besatzung etwas komfortabler untergebracht werden konnte.

Labskaus war und blieb gerade auch auf deutschen Schiffen ein Standardgericht, allerdings in zunehmend verfeinerter Form. Immer häufiger gesellten sich zu den Grundzutaten auch andere haltbar gemachte Lebensmittel, vor allem Salzheringe und Salzgurken. Heute nimmt man als Beilage Bismarckheringe und Rollmöpse anstelle der Salzheringe und Gewürzgurken anstelle der Salzgurken, was für den eigentlichen Labskausliebhaber aber natürlich einen Frevel darstellt. Und Rote Beete wird nur deshalb beigefügt, um die vom Pökelfleisch hervorgerufene rötliche Färbung des Gerichts beizubehalten. Labskaus ist längst kein Matrosengericht mehr, sondern hat als deftiges Kartoffelgericht die ganze Waterkant erobert. In den Hansestädten wird Labskaus sogar bei festlichen Anlässen wie Schiffstaufen und ersten Probefahrten gereicht.

Fish'n chips

– Wie Kartoffeln nach England kamen –

Fisch und Fritten – was die Engländer vereinfacht und verkürzt als *fish'n chips* bezeichnen – wird vielfach als eine „Unkultur" des Essens angesehen, so wie die Frittenbude in Deutschland. Aber der englischen *fish'n chips*-Kultur wird man damit nicht wirklich gerecht, denn *fish'n chips* hat in England im Gegensatz zur deutschen Frittenbude mit ihren Frikadellen und Currywürsten eine lange Tradition – wie überhaupt alles in England Tradition hat. Und darüber hinaus haben Ernährungswissenschaftler immer wieder darauf hingewiesen, dass englische Jugendliche, die sich zu einseitig ernähren, mit dem Fisch wenigstens genügend Eiweiß zu sich nehmen.

Zwei Anmerkungen zu diesem englischen Nationalgericht müssen an dieser Stelle jedoch noch vorangeschickt werden:

- *Fish'n chips,* aus dem Laden geholt, um zu Hause verzehrt zu werden, müssen immer in Zeitungspapier eingewickelt sein – sonst ist die „Unkultur" nicht perfekt.
- Chips sind in England Fritten. Was wir als Chips bezeichnen, nennt man in England *crisps*.

Fish'n chips

Fish'n chips kämpft in England nur noch mit dem Roastbeef um die Vorherrschaft als englisches Nationalgericht – sonntags regiert das Roastbeef, alltags *fish'n chips*. Das war nicht immer so, denn Roastbeef war früher für den größten Teil der Bevölkerung unerschwinglich. So sind auch die *fish'n chips*-Läden eine Hinterlassenschaft der industriellen Revolution, die im 18. Jahrhundert von England aus ihren rasanten Fortgang nahm. Die britischen Fabrikarbeiter brauchten billiges, schnell zu bereitendes und nahrhaftes Essen. Die Anzahl der Läden, die sich auf warme Pasteten und Erbsen, Kartoffelbrei und Würstchen und *fish'n chips* spezialisierten, nahm bei zunehmender Nachfrage ständig zu. Insbesondere die *fish'n chips*-Läden erfreuten sich immer größerer Beliebtheit mit ihrem warmen Essen, das man entweder direkt im Laden verzehrte, wo man es kaufte, oder einpacken ließ und auf der Straße aß oder aber mit nach Hause nahm. Die technischen Verbesserungen beim Fischfang, die verbesserte Infrastruktur mit dem sehr zügigen Aufbau eines breitflächigen Eisenbahnnetzes in Großbritannien, die Verbesserung der Kühltechnik und vieles andere mehr ermöglichten es, dass Fisch zum billigsten Eiweißträger wurde und überall im Lande angeboten werden konnte.

Kartoffeln hatte es schon längst vor der industriellen Revolution in England gegeben. Allerdings lässt sich die genaue Zeit ihrer Ankunft hier nicht so eindeutig zurückverfolgen wie beispielsweise in Deutschland. Da gibt es zunächst einmal die sehr zweifelhafte Quelle des englischen Botanikers John Gerard, der im Jahre 1597 in London ein botanisches Buch unter der Bezeichnung *The Herball* (Kräuterbuch) herausbrachte, und damit Verwirrungen auslöste, die im Grunde genommen bis heute bestehen. Obwohl man davon ausgehen muss, dass Gerard durchaus Kartoffeln von anderen Knollenarten unterscheiden konnte, schrieb er über Kartoffeln: *„I have received rootes hereof from Virginia, otherwise called Noremberga, which growe and prosper in may garden, as in their own native country."* (Ich habe Knollen aus Virginia, auch Noremberga genannt, erhalten, die in meinem Garten wachsen und gedeihen wie in ihrem Ursprungsland.) Dass die Kartoffeln nicht aus Virginia stammen, weiß man heute. Dennoch glaubte man Gerard lange Zeit, auch wenn er schon zu Lebzeiten als wissenschaftlicher Banause und Plagiator überführt worden war.

Bei den von Gerard beschriebenen Knollen aus Virginia wird es sich eher um Topinamburknollen gehandelt haben, benannt nach dem Indianerstamm der Topinamba aus Brasilien, dass man fälschlicherweise (in Wahrheit ist sie in Nordamerika heimisch) als ursprüngliche Heimat der Topinambur ansah. Diese auch als Erdartischocke oder Erdschocken bezeichneten Knollen waren ein wichtiges Grundnahrungsmittel der späteren englischen Siedler im Osten der Vereinigten Staaten, bis die viel ertragreichere Kartoffel ihre Funktion übernahm. 1760 gab der Siedler John Randolph aus Williamsburg in seinem Buch *A Treatise on Gardening by a Citizen of Virginia* (Eine Abhandlung über die Gärtnerei von einem Bürger aus Virginia) wenig Gutes über die Erdschocken zum besten, die die Kolonisatoren von den Indianern übernommen

hatten: „Manche schätzen sie zwar, aber sie erzeugen Blähungen und verursachen im Bauche leichte Aufruhr."

Kartoffeln und Piraten

Auch wenn Gerard irrte, gibt es dennoch zu der Zeit, als er *The Herball* verfasste, einen Bezug zu Kartoffeln aus Virginia. Denn genau um diese Zeit startete Sir Walter Raleigh, der berühmte britischer Seefahrer, Seeräuber und Günstling am Hofe der Königin Elisabeth I., das erste englische Kolonisierungsunternehmen in Virginia. Er gründete im Jahre 1584 eine englische Kolonie in Nordamerika in Roanoke im heutigen US-Staat Virginia. Das Unternehmen schlug jedoch fehl und Sir Francis Drake, der noch berühmtere englische Seeräuber, brachte die Siedler im Jahr 1585 von einer Kaperfahrt in der Karibik nach England zurück. Es wurde vermutet, dass sich Drake nicht nur die spanischen Schiffe und ihre Goldladung, sondern auch ihren Proviant angeeignet hatte – und damit auch Kartoffeln, die so auf dem Umweg über Virginia nach England gelangt sein sollen.

In der Tat gibt es eine Reihe von Quellen, die belegen, dass die englischen Freibeuter Kartoffeln kennen gelernt hatten. Von Drake's vorangegangener Südamerikafahrt wird auch berichtet, dass er am 28. November 1577 auf der Insel Mocha an der chilenischen Küste an Land ging. Dort kamen ihm die Indianer mit größter Höflichkeit entgegen und boten ihm Kartoffeln, Wurzeln und zwei fette Schafe an. Zehn Jahre später gelangte ein anderer britischer Seeräuber, Thomas Cavendish, zu der vor dem chilenischen Concepción gelegenen Insel Santa Maria, und es wird berichtet, dass die Indianer dort mit Stroh gefüllte Lager errichtet hätten, in denen Kartoffelknollen als Tributleistung für die Spanier aufbewahrt wurden. Und Cavendish erwähnt extra, wie wohlschmeckend diese Kartoffeln gewesen seien.

Aber wie sollten diese Seeräuber, deren Kaperfahrten sich oftmals über zwölf Monate hin streckten, die Kartoffeln unbeschadet nach Europa bringen? Im Grunde genommen war dies überhaupt nicht möglich. Auch dürfte das Interesse der Seeräuber ausgerechnet an Kartoffeln kaum über ihren Sättigungswert hinausgegangen sein. Dass man allerdings Sir Walter Raleigh mit der Einführung der Kartoffeln in England in bringt, ist schon viel einleuchtender. Raleigh war ein weltoffener Mann, allem Neuen gegenüber aufgeschlossen, der auch andere neue Pflanzen in Großbritannien einführte, so den Goldlack von den Azoren und eine Kirschensorte von den Kanarischen Inseln. Und darüber hinaus: Raleigh war bei der gescheiterten Kolonisierung von Roanoke nicht persönlich vor Ort gewesen. Er hatte die Expedition „nur" finanziert. Drake aber setzte die Siedler nach der Rückkehr von Roanoke im Jahre 1586 im irischen Hafen von Cork ab, wo Raleigh damals ganz in der Nähe in einem Ort namens Youghal lebte. Hier hatte Raleigh auch einen botanischen Garten angelegt. Raleigh's rechte Hand und der Chronist dieser ersten Virginiaexpedition, Thomas Hariot, soll dann erste Kartoffeln im Garten von Raleigh angepflanzt haben.

Trotz aller Hinweise und aller späterer Quellen ist diese Geschichte um Sir Walter Raleigh nie bewiesen worden. Vielleicht hatten auch die versprengten Schiffe der im Jahre 1588 vernichteten spanischen Armada die entscheidende Mittlerrolle für die Einführung der Kartoffel in Irland gespielt. Einige dieser spanischen Kriegsschiffe trieben in Irland an Land, wo die Besat-

zungen von englischen Soldaten und Bauern niedergemacht wurden. Da man davon ausgehen kann, dass auch diese Kriegsschiffe mit Kartoffeln proviantiert waren, könnten auch auf diese Weise Kartoffeln nach Irland und von dort nach England gekommen sein.

Kartoffeln und Kolonien

Wie die Kartoffeln nun tatsächlich zuerst nach England gekommen sind, dafür hält der englische Kartoffelwissenschaftler J.G. Hawkes sehr plausible Erklärungen bereit. Er fand nämlich heraus, dass Sir Walter Raleigh weitere Fahrten nach Virginia unternommen hatte, an deren Finanzierung sich offensichtlich auch der bereits erwähnte Botaniker Gerard beteiligte. Es ist also nicht ausgeschlossen, dass es Gerard war der von späteren Kolonialunternehmungen Kartoffeln mitgebracht hatte – genauso, wie es möglich ist, dass andere englische Kapitäne auf der Rückkehr von ihren Piratenfahrten über Virginia nach England segelten und dabei eben auch Kartoffeln gebunkert hatten. Hawkes schätzt, dass um das Jahr 1590 erstmals Kartoffeln nach England gelangten.

Es dauerte dann allerdings noch eine ganze Weile, bis in England auch die Symbiose aus Kartoffeln und Fisch – *fish'n chips* – endlich im 20. Jahrhundert richtig Fuß fassen konnte. Dass die *fish'n chips*-Läden inzwischen aber wieder aus dem Weichbild der Städte verschwunden sind, hängt nicht damit zusammen, dass die Engländer keinen Fisch und keine Kartoffeln mehr mögen, im Gegenteil, aber Fisch ist inzwischen so teuer geworden, dass auch die Nachfrage nach *fish'n chips* zurückgegangen ist!

Topinambur wurde früher oft mit der Kartoffel verwechselt.

Gebackener Fisch mit Pommes Frites

(Fish'n chips)

Zutaten

Für den Ausbackteig:

100 g Mehl

1 Eigelb

2 EL Bier

¼ TL Salz

3 EL Milch mit 3 EL kaltem Wasser vermischt

1 Eiweiß

1 kg frische Filets vom Schellfisch, Seezunge oder Scholle oder Kabeljau, gehäutet und in etwa 7 x 12 cm große Portionsstücke geschnitten

Für die Pommes Frites:

Pflanzenöl zum Frittieren

1 kg Kartoffeln, der Länge nach in 1 cm dicke Stifte geschnitten

Zubereitung

Das Mehl für den Ausbackteig in eine große Schüssel geben, in die Mitte eine Vertiefung herstellen, in die man Eigelb, Bier und Salz hineingibt. Alle Zutaten gut verrühren, nach und nach die mit Wasser vermischte Milch zugießen und so lange rühren, bis der Teig glatt ist.

Den Ausbackteig wenigstens 30 Minuten lang bei Zimmertemperatur stehen lassen, damit er schön locker wird.

Das Eiweiß schnittfest schlagen und dann vorsichtig, aber gründlich unter den Teig heben.

Für die Pommes frites und den Fisch eine Friteuse 10 bis 12 cm hoch mit Öl füllen und erhitzen, bis das Frittierthermometer 190 Grad anzeigt. Den Ofen auf 125 Grad vorheizen und einen flachen Bräter oder die Fettpfanne mit Küchenkrepp auslegen. Die Kartoffeln gut abtrocknen und in 3 oder 4 Partien goldbraun und knusprig frittieren. Zum Abtropfen in den ausgelegten Bräter geben und im Ofen warm stellen.

Die Fischstücke unter fließendem kaltem Wasser waschen und mit Küchenkrepp völlig trocken tupfen.

Je 2 bis 3 Stück Fisch auf einmal in den Ausbackteig tauchen und gut damit überzogen in das heiße Fett geben. 4 oder 5 Minuten frittieren, bis sie goldbraun sind. Die Stücke dabei gelegentlich mit einem Löffel wenden, damit sie nicht an der Friteuse oder aneinander haften bleiben.

Den Fisch vor dem Auftragen in der Mitte einer großen, vorgewärmten Platte anrichten und mit den Pommes Frites umlegen.

Fisch und Pommes Frites werden gewöhnlich mit Salz bestreut und mit Malzessig beträufelt serviert.

Parmentier

Kartoffeln à la Parmentier

– Von der Herrenknolle zur Bauernknolle –

Die Kartoffel fiel in Europa im wahrsten Sinne des Wortes auf fruchtbaren Boden. Das Zeitalter der Renaissance hatte seinen Höhepunkt erreicht, als im 16. Jahrhundert die Menschen in der Alten Welt mit den der neu entdeckten Welt konfrontiert wurden. Die „Alte" Welt begann sich aus der mittelalterlichen Eingebundenheit in die kirchliche und feudale Ordnung zu lösen. Die Menschen erweiterten ihren geistigen Horizont, besannen sich auf die Kultur und geistigen Werte der Antike zurück, Literatur und Wissenschaft blühten auf – mit einem Wort: Man strebte neuen Erkenntnissen entgegen.

Von Afrika und Asien hatte man schon gehört. Die sagenhaften Abenteuer und Reiseberichte eines Marco Polo, die Geschichten aus der arabischen Welt oder von den fernen Inseln am Rande des pazifischen Ozeans hatten die Phantasie bereits angeregt. Amerika aber war die neueste Entdeckung. Längst hatte sich herausgestellt, dass Kolumbus nicht in Indien gelandet war. Hier war ein bisher nicht bekannter, riesiger Kontinent für Europa erschlossen worden. Und die Goldschätze, die die Spanier nach Hause trugen, machten diesen neuen Kontinent noch bedeutender, als den längst gefundenen Zugang zu den Gewürzinseln im Fernen Osten. Aber nicht nur das Gold, sondern gleichermaßen die Pflanzen und Tiere der Neuen Welt lösten ungeheueres Interesse aus. Das Interesse galt insbesondere auch der Kartoffel mit ihrer außerordentlichen Blütenpracht, die damit zu einem Schmuckstück der neuen botanischen Gärten wurde, die sich die Herrscher der Alten Welt wie auch das aufstrebende neue Bürgertum anlegen ließen.

Die Herrenknolle

Die Renaissance war nichts fürs einfache Volk. Die neuen geistigen Freiheiten und Erkenntnisse gingen an den Bauern und Tagelöhnern vorbei. Ihr Los war nach wie vor hart. Die geringen Erträge, die mit den althergebrachten Anbaumethoden und den immer gleichen Ackerfrüch-

Der Kartoffelkrieg

Kartoffeln haben die Welt verändert – leider nicht immer nur im Guten. Richtig ist, dass sie Europa vor dem Verhungern bewahrten. In Europa waren sie sogar kriegsentscheidend. Der Bayerische Erbfolgekrieg ging jedenfalls als „Kartoffelkrieg" in die Geschichte ein.

Als am 30. Dezember 1777 der bayerische Kurfürst Maximilian III. Joseph starb, erlosch die bayerische Linie der Wittelsbacher. Aufgrund der Erbfolge sollte das Kurfürstentum Bayern nun an Kurfürst Karl Theodor aus der Linie Pfalz-Sulzbach fallen, doch Österreich intervenierte. Nach den Erfahrungen in den Schlesischen Kriegen gegen Preußen fürchteten die österreichischen Habsburger die Entstehung einer weiteren Großmacht auf deutschem Boden. Zudem hatte der Verlust Schlesiens an Preußen die Habsburger geschwächt, so dass das Aussterben der bayerischen Wittelsbacher einen willkommenen Anlass für den habsburgischen Kaiser Joseph II. bot, seine Ländereien zu erweitern und dabei seine Machtposition im Reich zu stärken. Deshalb erhob er kurz nach dem Tode Maximilians III. Ansprüche auf Niederbayern und die Oberpfalz. Joseph II. konnte Kurfürst Karl Theodor dazu bewegen, im Tausch gegen die Österreichischen Niederlande auf Teile Bayerns zu verzichten. Nachdem dieser Tausch in der Wiener Konvention vom 3. Januar 1778 von beiden besiegelt wurde, rückten österreichische Truppen in die Oberpfalz und Niederbayern ein.

Das Vorgehen Österreichs stieß auf die Ablehnung durch die meisten deutschen Territorialherrscher, allen voran König Friedrich II. von Preußen. Friedrich der Große mobilisierte seine Truppen und ließ sie im Juli 1778 in Böhmen einmarschieren, womit der Bayerische Erbfolgekrieg begann. Aber von Anfang an verlief das Kriegsgeschehen unentschieden. An der oberen Elbe stießen die Preußen auf die österreichischen Truppen. Obwohl die preußischen Truppen unter Prinz Heinrich die österreichische Flanke bedrängten, sah Friedrich ein, dass er so nicht zum Sieg kommen konnte – teilweise, weil die Ös-

Preußische Soldaten

terreicher zu stark waren, teilweise aber auch, weil er nicht über ausreichend Nachschub verfügte. So standen sich beide Truppenteile unentschlossen gegenüber, währenddessen die Nahrungsmittel im Umland immer mehr zur Neige gingen. Vor allem die Kartoffeln wurden knapp. Und dann setzte das kalte Wetter ein. Österreicher wie Preußen mussten aus Böhmen abziehen. Nach kurzer Zeit versuchten Frankreich und Russland zwischen den beiden Kriegsparteien zu vermitteln. Am 13. Mai 1779 wurde der Krieg, in dem es praktisch zu keinem größeren Gefecht kam, durch den Frieden von Teschen beendet. Der Gebietstausch zwischen Joseph II. und Karl Theodor wurde für nichtig erklärt. Die Habsburger erhielten lediglich das Innviertel, welches auch heute noch zu Österreich gehört. Karl Theodor konnte sein Erbe antreten und herrschte nun über die Pfalz und Bayern. Die Kurwürde der beiden Territorien wurde zu einer Kur zusammengefasst. Außerdem akzeptierte Österreich die bevorstehende Vereinigung der Markgrafschaften Ansbach und Bayreuth mit Preußen.

Zwei Dinge am so genannten Kartoffelkrieg sind von grundsätzlicher Bedeutung geblieben. Einerseits kam mit dem Innviertel auch der Ort Braunau an Österreich – der Geburtsort von Adolf Hitler. So kam Hitler als Österreicher und nicht als Bayer auf die Welt. Zum zweiten müssen schon am Ende des 18. Jahrhunderts Kartoffeln als Ackerfrucht in Böhmen so weit verbreitet gewesen sein, dass ihre Existenz – bzw. Knappheit – bereits kriegsentscheidend war. ∎

ten erzeugt wurden, reichten immer weniger aus, um die Ernährung sicherzustellen. Die von Karl dem Großen ein halbes Jahrtausend zuvor eingeführte Dreifelderwirtschaft mit ihrer ständigen Wiederholung von Sommer- und Wintergetreide und der dazwischen geschobenen Brache stellte seinerzeit eine wahre Revolution für die ackerbauliche Erzeugung dar. Doch angesichts der wachsenden Bevölkerungszahlen war eine bessere Nutzung der Brache überfällig. Und schon damals wäre die Kartoffel die ideale Lösung zur Verbesserung der Nahrungsmittelversorgung der Menschen gewesen, aber sie war ja nicht in der Bibel erwähnt. Und welcher gottesfürchtige Bauer hätte unter diesen Umständen solch ein Teufelszeug angebaut!

Die in den Heil- und Kräutergärten angebaute „Herren"-Knolle fand so zwangsläufig keinen Weg auf die Teller des Volkes. Misstrauen und Vorurteile gegen die Kartoffel schossen wie Kraut aus dem Boden. Ihr Genuss sollte gar Lepra hervorrufen, so stand es schon in Gerards' Buch *The Herball,* und offensichtlich hatte auch Caspar Bauhin in seinem 1620 erschienenen *Prodromos* dieses Argument aufgegriffen. Demnach sollte in Burgund der Gebrauch der Kartoffel aus diesem Grund verboten worden sein. Das Gerücht von der leprösen Wirkung der Kartoffeln hielt über ein Jahrhundert an. Es war die Zeit, in der noch immer Hexen verbrannt wurden, in der sich Gerüchte, Ängste und Vorbehalte aus Unwissen und Unkenntnis erfolgreich und weit verbreiten konnten. Und davon blieb auch die Kartoffel nicht unbehelligt. Sogar Blähungen und Wollust sollte sie angeblich hervorrufen.

So hielt sich das Misstrauen gegen die Kartoffel im Volke und vor allem in der Landwirtschaft noch bis weit in das 18. Jahrhundert hi-

nein. Und dies, obwohl ihr ernährungsphysiologischer Wert allmählich erkannt wurde. Im Jahre 1771 wurde beispielsweise die medizinische Fakultät der Universität von Paris aufgefordert, zu der Frage Stellung zu nehmen, inwieweit die Kartoffel eine gute und gesunde Frucht von großem Nutzen sei und eben keineswegs krankheitsfördernd. In Preußen, wo die Vorurteile gegen die Kartoffeln besonders groß waren, musste Friedrich der Große seinen ganzen Einfluss geltend machen, um die Kartoffeln als Ackerfrucht durchzusetzen. Denn als er im Jahre 1774 eine Waggonladung Knollen nach Kolberg, wo große Hungersnot herrschte, bringen ließ – in der Hoffnung, die dortigen Bauern würden sie zum eigenen Nutzen anbauen –, wurde ihm entgegnet: „Diese Dinger haben weder Geruch noch Geschmack, noch nicht einmal die Hunde wollen sie essen. Was sollen sie dann für uns für einen Nutzen haben?"

Die Bauernknolle

Wer kennt nicht die Legende vom Alten Fritz, der seine Bauern mit einer List vom Kartoffelanbau überzeugt haben will. So ließ er einen „Muster"-Acker mit Kartoffeln bepflanzen und von Soldaten bewachen, allerdings nur zum Schein. Die Bauern nutzten die Gelegenheit, der Obrigkeit etwas zu stibitzen – und von Stund an bauten alle Bauern im damaligen Preußen Kartoffeln an.

So einfach war die Sache in Wahrheit natürlich nicht. Doch jede Legende hat auch einen wahren Kern. Und die Probleme der Einführung des feldmäßigen Kartoffelanbaus waren in der Tat über die subjektiven Vorbehalte der Bauern gegen die Knolle hinaus nicht nur in Preußen, sondern in vielen Teilen Europas nicht

A. Warthmüller: Friedrich der Große (1740-86) auf Inspektionsreise bei der Kartfoffelernte
in Darmietzel nördlich von Köstrin

gering. Dass Kartoffeln damals zumindest für die Nordhälfte Europas nur bedingt als Ackerfrucht geeignet waren, lag vor allem an dem bereits erörterten Problem ihrer zunächst noch mangelhaften genetischen Anpassung an die hier herrschenden Tageslichtverhältnisse.

Tatsache war, dass die ersten Kartoffeln in Europa erst sehr spät im Jahresverlauf ausreiften, was sich nicht auf ihre Früchte, sondern auf ihre Knollen bezieht. Denn, wenn sich der europäische Sommer dem Herbst zuneigt, werden die Tage wieder kürzer. So kurz, wie sie es normalerweise in den zentralen Hochanden, dem Altiplano, relativ dicht am Äquator immer sind. Für die ersten Kartoffelpflanzen in Europa war die für sie normale Tageslichtlänge erst im Herbst bei Tages- und Nachtgleiche erreicht, und erst dann waren sie offensichtlich bereit, in das Knollenwachstum einzutreten. Damit fiel aber das Knollenwachstum bereits in das jahreszeitliche Erscheinen früher Nachtfröste. So war zumindest nördlich der Alpen manche Kartoffelernte bereits im Boden vernichtet, bevor sie überhaupt geerntet werden konnte. Frevler, die sich über die Bibel hinwegsetzten und die „gottlosen" Kartoffeln pflanzten, wurden also nicht selten „von Gottes Hand" für ihr Tun bestraft.

Langtag- und Kurztag-Knollen

Die Problematik des Langtag- bzw. Kurztag-Charakters der Kartoffel war ja, wie eingangs dargestellt, auch von ganz entscheidender Bedeutung für die Frage, ob unsere europäischen Kulturkartoffeln aus den Anden oder aus Chile stammten. Die Tatsache, dass diese frühen europäischen Kartoffeln ihre Knollen jahreszeitlich erst so spät ausbildeten, weist eindeutig auf ihre Herkunft aus den Anden hin. Erst im Laufe der Zeit hat man in Europa, genauso wie es offensichtlich die chilenischen Indianer getan haben, durch Auslese die zur Verfügung stehenden

Kartoffeln an die vorherrschenden Langtag-Bedingungen angepasst.

Es gibt im Übrigen noch einen weiteren Grund, warum die frühen europäischen Kartoffeln nicht aus Chile stammen können. Der bereits erwähnte britische Kartoffelforscher J.G. Hawkes weist mit Recht darauf hin, dass Kartoffeln aus historisch-geographischen Gründen von Chile an der südamerikanischen Pazifikküste entlang über die Landenge von Panama gebracht hätten werden müssen, um dann in einem Karibikhafen erneut nach Spanien verschifft zu werden. Diese Kartoffeln wären in chilenischen Sommer in den Monaten April oder Mai geerntet und in der heißesten Zeit des Jahres transportiert worden. Spätestens im tropischen Panama wären sie verdorben gewesen. Natürlich hätte man anstelle von Knollen die Samen nach Europa bringen können. Doch den Spaniern war von den Indianern nur die Vermehrungsweise über Knollen bekannt gewesen.

Viel einfacher war es hingegen, Kartoffeln aus dem Altiplano durch das zentrale Hochandental nach Kolumbien direkt zu den karibischen Häfen zu bringen. Wie gut dieser Transportweg funktionierte, zeigen auch die regelmäßigen Provianterungen der spanischen Karavellen mit Kartoffeln – mit andinen Kartoffeln der Kurztag-Spezies *Solanum tuberosum ssp. andigenum*. Und die südlichen Gebiete der Alten Welt waren für den Kartoffelanbau geeigneter als Mitteleuropa oder gar Nordeuropa. In Spanien und Italien treten nun einmal Fröste jahreszeitlich später auf, wenn es überhaupt einmal friert. Insofern liegen beispielsweise aus Italien kaum frühe Aufzeichnungen über den beginnenden Kartoffelanbau vor, wahrscheinlich ganz einfach deshalb, weil er offensichtlich relativ problemlos vor sich gegangen war.

Kartoffellegenden

Was den Beginn des Kartoffelanbaus in Frankreich angeht, so können wir uns auf die 1600 verfasste und 1619 erschienene Schrift des Agrarwirtschaftlers Olivier de Serres unter dem Titel *Théâtre d'Agriculture et Mesnage des Champs* beziehen, die Auskunft über die frühe Einführung der Kartoffel in Frankreich gibt. Hier wird ausgeführt, dass die Kartoffel „kürzlich" aus der Schweiz in die Dauphiné gebracht worden sei. Serres beschreibt nicht nur die Pflanze, auch Pflege und Ernte und vor allen Dingen die Einlagerung über Winter wird erläutert. Und vor Ratten wird gewarnt, die, wenn sie solch leckere Nahrung fänden, alles im Nu auffressen würden. Und das in einem der Haupttrüffelgebiete von Frankreich die Ähnlichkeit der neuen Knolle, die Serres „Cartoufle" nennt, mit Trüffeln auffiel, verwundert nicht weiter: „Kartoffeln seien zwar nicht so schön in der Farbe aber leichter als Trüffeln und ihre Haut ist eben nicht rau, sondern geschmeidig. Dies unterscheidet die beiden Früchte. Und was ihren Geschmack anbetrifft, so bereitet der Koch sie so zu, dass man kaum Unterschiede zwischen ihnen feststellen kann."

Die Ausführungen von Olivier de Serres zeigen, dass man in den Kreisen, die sich Trüffeln leisten konnten, bald lernte, auch die Knollen schmackhaft zuzubereiten. Was für den Reichen Genuss bedeutete, war für die auch in Frankreich überwiegend arme Mehrheit der Bevölkerung bittere Notwendigkeit. Die schlechte Ernährungslage zwang ganz Europa dazu, sich neuer Kulturpflanzen zu bedienen. Die Ausführungen von de Serres zeigen aber auch, dass es nicht der bekannte Apotheker Auguste Parmen-

Starkoch Alfons Schuhbeck kocht
Kartoffelsuppe wie zu Rumfords Zeiten.

Potage Parmentier à la vichysoise

(Kartoffel-Lauch-Suppe)

Zutaten (für 4-6 Personen)

4 Tassen geschälte und grob geschnittene Kartoffeln
3 Tassen in dünne Scheiben geschnittene Lauchstangen (weiße Teile plus 5 cm vom Grünen)
1 l Hühnerbrühe
Salz, Pfeffer
½ Tasse süße Sahne
1 EL fein geschnittener frischer Schnittlauch oder fein gehackte Petersilie

Zubereitung

In einem ausreichend großen Topf oder Suppenkessel Kartoffeln, Lauch, Hühnerbrühe und Salz mit leicht geöffnetem Deckel 40 bis 50 Minuten kochen, bis die Gemüse weich sind.

Danach die Suppe durch einen Durchschlag oder durch eine Gemüsemühle passieren und in den Topf zurückgeben, mit Pfeffer würzen und die Sahne unterrühren.

Vor dem Servieren die Suppe bis zum Siedepunkt erhitzen. Zum Anrichten wird die Suppe in eine Terrine gefüllt. Die Suppe im Teller mit frischem Schnittlauch oder frischer Petersilie bestreuen.

Anmerkung: Als vor einem halben Jahrhundert Louis Diat Küchenchef im Ritz-Carlton-Hotel in New York war, erfand er die „Vichysoise glacé", eine kalte Version der „Potage Parmentier" für den Sommer. Um sie zuzubereiten, passierte er die Suppe erst durch eine Gemüsemühle und anschließend noch durch ein Haarsieb, um sie dann wieder in den Topf zurückzufüllen. Dann legierte er die Suppe mit einer halben Tasse süßer Sahne (für diesen Arbeitsschritt sollte man keinen Mixer einsetzen, da sonst die Mischung zu glatt wird.) Die Suppe ließ Diat dann im Kühlschrank erkalten und servierte sie mit Schnittlauch garniert.

tier war, der den Kartoffelanbau im Jahre 1783 in Frankreich einführte. Schon vorher waren ganze Felder um Paris mit Kartoffeln bepflanzt. Zudem gleicht die Geschichte, die von Parmentier erzählt wird, verdächtig der Legende vom Alten Fritz. Demnach soll der Franzosenkönig Ludwig XIV. auf Anraten Parmentiers angeordnet haben, auf den Kartoffelfeldern „Warntafeln" mit Hinweisen auf den großen Wert der Knollen aufzustellen. Am Tage sollen die Felder wie in Preußen durch Soldaten bewacht worden sein. Die Bauern wurden durch diese Aufsehen erregende Maßnahme des Königs auf die Kartoffel besonders aufmerksam. Und es kam wie es kommen musste: Des Nachts stahlen die Bauern einige der Kartoffeln, um diese dann auf ihren eigenen Feldern anzubauen.

Dass diese Legende der vom Alten Fritz ähnelt, mag damit zusammenhängen, dass Parmentier als Apotheker auch Militärarzt im französischen Heer gewesen und während des Siebenjährigen Krieges in preußische Gefangenschaft geraten war. Hier lernte er die Kartoffel schätzen, ohne die er sicherlich kaum überlebt hätte. Seine Erfahrungen mit der Kartoffel mögen ihn bewegt haben, den Kartoffelanbau in Frankreich zu fördern. Insofern hat er sich große Verdienste um die Verbesserung der Ernährungslage des einfachen Volkes in Frankreich erworben – nicht umsonst sind in Frankreich „Kartoffeln à la Parmentier" (ca. 1 cm große rohe Kartoffelwürfel in Butter gebraten mit Petersilie bestreut oder mit Kalbsjus bzw. Bratensaft zu Fleisch und Geflügel) noch heute in (fast) aller Munde.

Graf Rumford

Rumford-Suppe

– Die Speisung der Armen –

Benjamin Thompson, der spätere Reichs-graf Rumford, wurde am 26. März 1753 in North Woburn in den späteren Vereinigten Staaten von Amerika geboren. Als überzeugter Royalist musste er 23-jährig angesichts der Unruhen des nordamerikanischen Unabhängig-keitskrieges nach England fliehen, wo er im Kolonialamt als Offizier tätig war. Im Mai 1784 trat er in die Dienste des bayerischen Kurfürsten ein, wo er mit leitenden Positionen im Militär-wesen betraut wurde. 1788 ernannte ihn der Kurfürst zum Generalmajor der Kavallerie und zum Leiter des geheimen Kriegsbüros. 1792 war er bereits Generalleutnant der Artillerie und Chef des Generalstabes. Aufgrund seiner Ver-dienste erhielt er noch im selben Jahr den Titel des Reichsgrafen Rumford.

Mit dem Jahreswechsel 1787/88 wurde Thompson mit einer Heeresreform beauftragt. Seine Zielsetzungen, einerseits die Kavallerie und Infanterie auf dreißig Regimenter zu ver-stärken, andererseits diesen Mehraufwand durch langfristige Beurlaubungen in Friedens-zeiten zu finanzieren – wobei er auch gleichzei-tig eine stärkere Integration des Heeres in die allgemeine Gesellschaft anstrebte – scheiterten nicht zuletzt an den kriegerischen Auseinander-setzungen mit dem revolutionären Frankreich. Der erste Koalitionskrieg (1792-1797) richtete große Schäden in Bayern an und strapazierte die Kriegskassen des Landes derart, dass Rum-ford 1794 mehr oder weniger freiwillig seinen Rücktritt einreichte. 1798 wurde er für kurze Zeit Polizeiminister, dann aber im August des gleichen Jahres als außerordentlicher Gesandter an den britischen Hof „versetzt".

Über zehn Jahre lang stand Thompson im Dienste des bayerischen Kurfürsten. Seine Ver-dienste dürfen angesichts des Endes seiner Kar-riere in England nicht unterschätzt werden. Über seinen Einsatz für das Heer hinaus nahm er ein umfangreiches Sozialprogramm in An-griff, betrieb den Bau neuer Schulen, richtete eine Manufaktur mit Armenhaus ein, wo er Massenspeisungen organisierte. Sein größtes Verdienst besteht für die Bewohner Münchens

94 Arbeitstage für 39 Zentner Kartoffeln

Schloss Sayn

Die Lebensbedingungen der Arbeiter im 19. Jahrhundert waren sehr hart. Der französische Sozialwissenschaftler Frederic Le Play (1806-1882) widmete in seinem mehrbändigen Werk *Les Ouvriers Européens* (Die europäischen Arbeiter) einen umfangreichen Abschnitt einer Arbeiterfamilie der Sayner Gießerei in Bendorf bei Koblenz mit dem fiktiven Namen „Schwartz".

Zur Familie Schwartz gehören der in Sayn geborene 47-jährige Vater Peter, die 48-jährige Mutter Margareta und die Söhne Heinrich (17 Jahre), Toni (15 Jahre) und Wilhelm (8 Jahre). Die Eltern waren zum Beschreibungszeitpunkt seit 18 Jahren verheiratet. Vier weitere Kinder starben bereits vor Vollendung des siebten Lebensjahres.

Vater Schwartz arbeitete als Kohlenzieher in der Sayner Hütte. Er versorgte dort die vielen Öfen und Schmiedefeuer mit Kohle. Um Störungen im Produktionsablauf zu vermeiden, erließen die Fabrikherren Arbeitsordnungen, die die Arbeitszeiten, das gewünschte Verhalten und die Stellung der Arbeiter regelten. Für die Sayner Hütte galten zwei Arbeitsordnungen, die für die Werkschmiede und Modelltischlerei (1822 und 1824) sowie für die Former (1839 und 1847) aufgestellt wurden. Danach betrug die tägliche Arbeitszeit 11 Stunden. Das „Reglement für die Förmer der Königlichen Saynerhütte" konkretisierte die genauen Arbeitszeit- und Pünktlichkeitsregeln, betonte Gehorsam und Fleiß der Arbeiter usw. Als Verstöße galten Unpünktlichkeit und das Verlassen des Arbeitsplatzes, Nachlässigkeit, Faulheit, Unordnung, Streitereien und Trunkenheit am Arbeitsplatz, die Veruntreuung von Hütteneigentum, selbstständiges Handeln ohne Anweisung des Meisters, aber auch Fehler im Arbeitsprozess wie das Zerstören oder Beschädigen eines Modells und das falsche Abwiegen von Gusswaren. Die Strafen staffeln sich nach Art und schwere des Vergehens. Am härtesten bestraft man die Arbeiter mit ein bis zwei Talern für Ungehor-

sam und für „Zänkereien und Raufereien". Gearbeitet wurde an sechs Tagen in der Woche, begonnen wurde morgens um 6 Uhr, Frühstückszeit war von 07.30 – 08.00 Uhr, zwischen 12 und 13 Uhr war Mittagspause, die Vesperzeit war von 15.30 – 16.00 Uhr, Feierabend um 19 Uhr. Da der Hochofen Tag und Nacht in Betrieb war, mussten die Hochofenarbeiter in zwei zwölfstündigen Schichten rund um die Uhr arbeiten. Alle zwei Wochen arbeiteten sie sonntags und selbst an den höchsten kirchlichen Feiertagen.

Allein konnte Peter Schwartz seine Familie jedoch nicht ernähren. Seine ältesten Söhne mussten mit verdienen. Sie arbeiteten genauso wie die Erwachsenen täglich 11 Stunden und ein- bis zweimal im Monat auch am Sonntag. Die Mutter versorgte den Haushalt, betrieb eine kleine Landwirtschaft und half gegen Bezahlung in anderen Haushalten beim Waschen. Die Familie bewohnte in Sayn ein im Laufe der Jahre abbezahltes eigenes Haus mit Garten, Stall und Hof. Drei der sechs Zimmer (inklusive Küche) nutzten die Familienmitglieder selbst, die übrigen Räume waren an zwei Einzelpersonen vermietet. Aus ihrer kleinen Landwirtschaft erwirtschaftete die Familie Heu, Kartoffeln, Gerste, Kleie, Kohl, Bohnen, Möhren, Rüben, Gurken, Kopfsalat, Äpfel und Pflaumen. Äpfel und Pflaumen wurden zum Teil verkauft. Hätte die Familie nicht die Kartoffeln aus eigenem Anbau zur Verfügung gehabt, hätte der Vater für den Kauf von 39 Zentnern Kartoffeln, was in etwa dem Jahresverbrauch der Familie entsprach, 40 Tage oder einer seiner Söhne 94 Tage arbeiten müssen. ∎

Information:
Rheinisches Eisenkunstguss-museum Schloss Sayn,
Abteistraße 1, 56170 Bendorf-Sayn
Tel.: 02622/902-913,
Fax: 02622/902-917
e-mail: museum@bendorf.de

darin, dass er den Englischen Garten anlegen ließ, und für die allgemeine Welt darin, dass er vor allem Kartoffelsuppen für die Armenspeisungen verwendete. Diese Rumfordschen Suppen seien „ein sehr zweckmäßiges Gemengsel der wohlfeilsten und nährendsten Vegetabilien, wozu man nicht einmal animalischer Nahrung bedarf", so hieß es im Reichsanzeiger Nr. 8 von 1803. Später, als man die Bedeutung tierischer Bestandteile in der Ernährung erkannt hatte, wurden Armenspeisungen wie der Rumford-Suppe Speckschwarten beigegeben.

Um die Jahrhundertwende nahm Rumford seinen Abschied und lebte als Privatmann abwechselnd in London, Paris und München. Rumford hatte sich zeitlebens auch mit naturwissenschaftlichen Studien unterschiedlichster Art beschäftigt, hatte sich besonders einen Na-

men in der Energie- und Wärmeforschung gemacht, vor allem durch die Konstruktion eines Wärme- und Lichtmessgerätes. Seine Experimente über die Wärme revolutionierten insbesondere das Alltagsleben der ärmeren Bevölkerung, denn über die Rumford-Suppe hinaus erfand er auch den sogenannten Rumford-Herd, der schon bald Tausende von Wohnungen wärmte. Und 1799 gehörte er zu den Gründern der „Royal Institution of Great Britain". Am 21. August 1814 verstarb der ehemalige Bauernbub aus Massachusetts in Auteuil bei Paris – als Graf Rumford und Sir Benjamin Thompson. Er war Spion und Frauenheld gewesen, hatte Reichtum als Kriegsgewinnler erworben, hatte seine Fahne auch nach dem Wind drehen lassen, aber er war auch ein hervorragender Wissenschaftler und ein Wohltäter der Menschheit.

Der Englische Garten heute

Rumford-Suppe

Zutaten (für 4 Personen)

500 g Beinscheibe und Ochsenschwanz

1 EL Öl

75 g geräucherter Speck

½ Bund Suppengrün

1 kleiner Zweig Liebstöckel

75 g getrocknete Erbsen

60 g Graupen

250 g Kartoffeln

½ Bund Petersilie

Salz, frisch gemahlener Pfeffer

Zubereitung

Die Erbsen über Nacht in Wasser einweichen. Den Speck würfeln, das Suppengrün putzen und zerteilen, die Kartoffeln schälen und wür-feln. Das Öl in einem großen Topf erhitzen und den Speck darin anbraten. Das Suppengrün dazu geben und anschwitzen. Ochsenschwanz und Beinscheibe sowie den Liebstöckel, die ab-gegossenen Erbsen, Salz und Pfeffer zugeben, mit 4 Litern Wasser aufgießen und für 2 Stun-den kochen lassen.

Die Graupen in einem zweiten Topf in Salzwas-ser garen und anschließend abgießen. Den Och-senschwanz und die Beinscheibe aus dem Topf nehmen, die Brühe durch ein Sieb abgießen und auffangen.

Das im Sieb bleibende Gemüse, den Speck und die Erbsen zusammen mit den Graupen durch ein großes Sieb streichen. Das Ganze mit etwa 1½ Litern der Brühe zum Kochen bringen, die Kartoffeln hinzufügen und gar kochen. Das Gan-ze mit Salz abschmecken, in vorgewärmte Teller geben und mit Petersilie bestreut servieren.

Günter Grass und sein Butt –

Wie die Gesindeköchin Amanda Woyke Graf Rumford den Kartoffelbau beibrachte

In seinem von Küchendünsten durchzogenen Roman *Der Butt* vollzieht Günter Grass einen Parforceritt durch die Geschichte Deutschlands. Auf dem Weg durch die Jahrhunderte begegnet eine seiner Romanheldinnen, die Gesindeköchin Amanda Woyke, Friedrich dem Großen, den sie liebevoll „Ollefritz" nennt. Amanda wirtschaftete in einem ehemaligen polnischen Klostergut, das nach der zweiten Teilung Polens preußisch wurde und säkularisiert seither als Staatsdomäne Zuckau firmierte.

Es sei dem Romanautor Grass nachgesehen, dass er – in etwas freierem Umgang mit der Geschichte – ausgerechnet diese Domäne Zuckau zu einem historischen Ort von größter Tragweite erhob. Er lässt Amanda Woyke nicht nur eine Art Dampftopf erfinden, sondern auch das System einer Großküche, die Bratkartoffel und nicht zuletzt auch die Kartoffelsuppe, die sich als Gericht besonders gut für die Massenverpflegung eignet.

Das Treffen zwischen Friedrich dem Großen und Amanda Woyke hat Grass einfach arrangiert. Er schickt den schon etwas betagten Ollefritz auf unangemeldete Inspektionsreise, die ihn unter anderem zu der Domäne Zuckau führt. Hier fragt der Preußenkönig gezielt nach einem gewissen Frauenzimmer, „das den Kartoffelanbau beispielhaft für die neuen preußischen Provinzen als erste gefördert und so, neben dem Sättigungsgrad die Schmackhaftigkeit der neuen Hackfrucht bewiesen habe". Amanda ist über ihren hohen Besuch außerordentlich erstaunt: „Nu is Ollefritz doch noch jekommen!"

Sie solle striktemang weiterschälen, ordnet der König an, und setzt sich auf einen Schemel neben den Bulwenkorb. Beim Schälen kommt Amanda ins Erzählen – vom Hunger über Krankheiten und dass Kartoffelmehl, eingerieben, gegen die Cholera hilft. Und sie zählt Mittel gegen den Kartoffelkäfer auf – der allerdings erst ein Jahrhundert später in Europa

eintrifft, was dem Autor Grass aber ebenfalls verziehen sei. Dann sagt sie, dass ihr während des Krieges (gemeint ist der Siebenjährige Krieg) drei Kinder vor Hunger weggestorben seien, aber damals habe es ja auch noch keine Bulwen gegeben. Und Hirse und Buchweizen waren knapp. Sie habe damals durchgesetzt, dass das leibeigene Gesinde gegen niedrige Pacht brachliegende Parzellen der Domäne zugewiesen bekam, um Kartoffeln anzupflanzen. Das sei dann aber für die Domänenverwaltung zu umständlich geworden. So habe man den Eigenanbau wieder verboten und wolle jetzt der Einfachheit halber die Einzelparzellen wieder zusammenlegen. Deshalb gebe es auch in Zuckau keine Eigenversorgung mehr, und – so fügt Amanda hinzu – „nur noch Frongesinde. Es reiche wohl nicht, dass man leibeigen sei!". Und er, Ollefritz, solle nun keine Kriege, sondern nur noch Kartoffelschlachten schlagen. Und von der Mark Brandenburg und Pommern über die Kaschubei bis ins Masurische solle nun Kartoffelkraut wachsen, um Ernte nach Ernte für die Großküchen nach Amandas Vorstellung einzubringen. „Da mecht kain Hunger nech sein meegen. Nur noch Sattigkeit", schließt sie ihre Rede.

Daraufhin löffelt der König Amandas Kartoffelsuppe, die er „bekömmlich und sein Gichtgebein wärmend" nannte, und fragt sie nach ihrem Rezept. Er hätte sie nach seinem Geschmack gerne gepfeffert gehabt, aber Pfeffer gab es auf der königlichpreußischen Staatsdomäne damals nicht. Amanda würzt mit Senfkorn und Kümmel, mit Kräutern wie Majoran und Petersilie.

Diese Kartoffelsuppe gibt Grass Anlass, Amanda Woyke in eine Korrespondenz mit Graf Rumford eintreten zu lassen. Wir wollen ihm auch diesen Briefwechsel verzeihen, denn eine Gesindeköchin war zu Zeiten des Alten Fritz sicher nicht des Lesens und Schreibens kundig. In einem seiner Briefe an Amanda lässt Grass den Grafen Rumford seine Meinung über die Bayern im allgemeinen sagen: „Hier herrschen Aberglaube und katholische Furchtsamkeit." Und über ihre Einstellung zu Kartoffeln im besonderen: „Man sagt unserer nützlichen Knollenfrucht nach, sie fördere Rachitis und Schwindsucht, sie verbreite Lepra und Cholera." Und er fragt Amanda angesichts ihres Einsatzes zur Verbreitung des Kartoffelanbaus in Preußen: „Ob ihr mir wohl raten könnt? Ich verfüge, durch Gunst des Kurfürsten über ein Kavallerieregiment zum Militärdienst gepresster Bauernburschen, das nutzlos in Garnison liegt, denn seit dem kuriosen Erbfolgekrieg, den man hier 'Kartoffelkrieg' nennt, hat sich nichts mehr gerührt; nur das Bettlerunwesen nimmt zu."

Aus seinem Briefwechsel mit Amanda erlernt Rumford schließlich den Kartoffelanbau. Günter Grass geht wahrlich unbefangen mit der Historie um. Rumford verfügt sodann, dass parzellierte Militärgärten auf dem Ödland des späteren Englischen Gartens angelegt und durch die Soldaten mit Kartoffeln bepflanzt werden und schickt dann die jungen Bauernsoldaten nach der Ernte mit Saatkartoffeln nach Hause, damit sie dort auch Kartoffeln anpflanzen. Und von Amanda soll er auch die Fertigkeit gelernt haben, wie man Kartoffelklöße macht. Der in Danzig geborene „Preuße" Grass konnte an dieser Stelle der Versuchung offenkundig nicht widerstehen, die bayerischen Kartoffelklöße zu einer preußischen Erfindung zu machen!

Von Amanda nimmt Rumford auch die Empfehlung an, Bettler nicht einfach zu verhaften und ins Gefängnis zu stecken, sondern sie in Arbeitshäusern produktiv tätig werden zu lassen. Hierzu beschlagnahmt er ein verfallenes ehemaliges Paulanerkloster in einer Münchner Vorstadt, baut Werkstätten und eine große Küche ein, „requiriert" 2600 Bettler und lässt sie Schemel, Pferdedecken und Uniformen für die gesamte bayerische Armee produzieren. Für diese Arbeit werden die Bettler verköstigt. Die Küche in diesem Armenhaus war ganz nach Amandas Vorstellungen über Großküchen konstruiert worden, und die Bettler erhalten natürlich Amandas Kartoffelsuppe, die fortan als Rumfordsche Armensuppe ein Jahrhundert lang nicht nur in diesem Münchner Arbeitshaus, sondern in allen vergleichbaren Etablissements in Rom, Paris, London oder etwa Genf gelöffelt wurde.

Als Amanda später erfährt, was Rumford im Laufe der Zeit aus ihrer Kartoffelsuppe gemacht hatte, schimpft sie sein Rezept als pampige Verfälschung: Erbsen, Graupen, Kartoffeln zweieinhalb Stunden zu Brei verkocht, mit untergerührtem, sauer gewordenem Bier, dazu gewürfelte Brotreste, in Rinderfett krustig gebacken – und dann das Ganze mit Salz abgeschmeckt. „Dem Deiwel mecht son Kleister schmecken!" ■

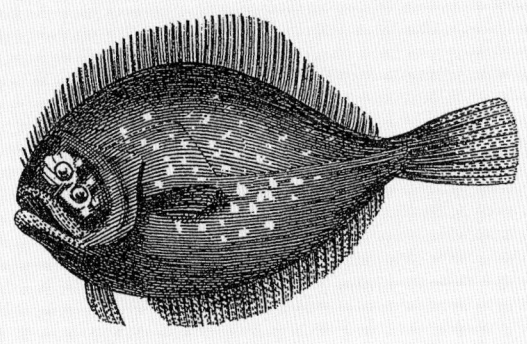

Die irische
Kartoffelkatastrophe –
Darstellung aus der
Zeitschrift „Illustrated
London News" (1847)

Irish Stew

– Die irische Katastrophe –

Kartoffeln waren ein Segen für Europa. Endlich brauchten die Menschen nicht mehr zu darben. Doch dort, wo man sich allzu sehr auf die Knolle verließ, dort konnte ein solches Verhalten verheerende Folgen haben. Nicht nur Kriege riefen Not und Elend hervor. Krankheiten und Naturkatastrophen konnten bisweilen noch schlimmere Folgen zeitigen. So löschte die Pest Mitte des 14. Jahrhunderts große Teile der europäischen Bevölkerung aus, ganze Landstriche verödeten. Gleichermaßen schrecklich waren die Auswirkungen der epidemischen Ausbreitung der Kartoffelkraut- und Knollenfäule, eine durch den Schadpilz *Phytophtora infestans* verursachte Erkrankung der Kartoffelpflanze, die in Irland am Ende der ersten Hälfte des 19. Jahrhunderts eine brutale Hungersnot

auslöste, in deren Folge über die Hälfte der Landesbevölkerung entweder dahingerafft wurde oder nach Amerika auswanderte. Der Schadpilz hatte 1845 annähernd, 1846 tatsächlich die ganze Kartoffelernte vernichtet. Und die überwiegend arme ländliche irische Bevölkerung ernährte sich inzwischen nahezu allein von Kartoffeln!

Crokers

Der Kartoffelbau in Irland konnte zu diesem Zeitpunkt schon auf eine Jahrhunderte währende Tradition zurückblicken, über die es einige interessante Quellen gibt. Ausgangspunkt ist tatsächlich der Landbesitz von Sir Walter Raleigh in Youghal, den er endgültig im Jahre 1604

Pittoreskes irisches Cottage

an Richard Boyle, den späteren Grafen von Cork, verkaufte. Raleigh war die meiste Zeit seines bewegten Lebens in Geldnöten. Als er im Jahre 1617 erneut nach Irland kam, war er gerade mit den Vorbereitungen seiner letzten großen Reise beschäftigt. Auch ihn hatte das Goldfieber gepackt, auch er wollte nach E1 Dorado, dem sagenhaften Goldland in Südamerika. Und er brauchte wieder einmal Geld. So lieh sich Raleigh erst einmal 100 Pfund von Boyle.

In der Gegend um den ehemaligen Landsitz von Raleigh in Südirland war die Kartoffel zu Beginn des 17. Jahrhunderts bereits ein gängiges Nahrungsmittel. Hier herrschte ein mildes Klima mit gleichmäßigen Niederschlägen. Warme Winter ersparten den Knollen das Erfrieren. „Crokers" wurden die Kartoffeln hier genannt. Die Erklärung hierfür ist einfach. Croker ist der Name eines Mannes, der um diese Zeit in Südirland lebte. Es gibt Unterlagen, wonach Raleigh

diesem Croker 20 Meilen nördlich von Youghal in einem Ort namens Tallow Ackerland überlassen hatte. Andere Quellen führen aus, dass die Crokers dann in Youghal auf dem Land des Grafen von Cork, also auf dem ehemaligen Besitz von Raleigh, siedelten und Kartoffeln anbauten. Vielleicht waren sie sogar die Ersten, die in größerem Umfang Kartoffeln auf den Äckern zogen, denn damals wurde die Knolle einfach nach den Crokers benannt. Es gibt im Übrigen noch heute ein Feldstück 20 Meilen nördlich von Cork, das „Croker's Garden" heißt.

Im Jahre 1662 wollte die Royal Society den Kartoffelanbau durch besondere Maßnahmen schließlich auch in England fördern und wandte sich deshalb an Robert Boyle in Youghal, um von dort Saatkartoffeln zu beziehen. So gelangte die Kartoffel von Irland aus zunächst nach Wales und dann in die Grafschaft Lancashire und schließlich weiter nach Nordengland und Schottland.

Pilzbefall

Doch zurück zu den Ursachen der irischen Kartoffelkatastrophe, die de facto nur vordergründig mit dem Pilzbefall zu tun hatte. Die wahren Gründe lagen viel tiefer, in den politischen, sozialen und wirtschaftlichen Umständen, die den Kartoffelanbau in Irland im Laufe von zwei Jahrhunderten zur Monokultur werden ließen.

Irland war schon im Jahre 1171 unter englische Oberhoheit geraten, blieb aber über Jahrhunderte hinweg ein unruhiges Territorium. Als während der napoleonischen Kriege gar die Gefahr eines französischen Einflusses wuchs, beschloss man in London, sich die Nachbarinsel ganz einzuverleiben. So wurde im Jahre 1801 unter Premierminister William Pitt d. J. das „Vereinigte Königreich von Großbritannien und Irland" gegründet.

Die englisch-irische Heirat war jedoch beileibe keine Liebesheirat. Die katholischen Iren fühlten sich von den anglikanischen Briten ausgebeutet und religiös unterdrückt. Zudem fühlten sich die selbstbewussten Inselbewohner in ihrem aufkeimenden Nationalstolz verletzt.

Die irischen Landbesitz- und Pachtverhältnisse hatten schon seit längerem antibritische Gefühle geweckt. In den Jahrhunderten der britischen Oberherrschaft war das Land überwiegend in die Hände englischer Großgrundbesitzer übergegangen. Diese Großgrundbesitzer bewirtschafteten das Land keinesfalls selbst, sondern verpachteten es in kleinsten Parzellen an Iren, meist unter Einschaltung von Agenten, die die wirtschaftliche Abwicklung der Pachtvereinbarungen mit allergrößter Härte vornahmen. Irland stellte aber gleichzeitig für Großbritannien eine große Bürde dar, machte doch damals die englische Bevölke-

Von der Kartoffelkraut- und Knollenfäule befallene Kartoffelpflanze

rung kaum mehr als das Doppelte der irischen Bevölkerung aus.

All diese Ereignisse fielen zudem in die Zeit des großen wirtschaftlichen Umbruchs im 19. Jahrhundert. Großbritannien hatte die erste Phase der Industrialisierung vollzogen. Englische Fertigwaren eroberten fast konkurrenzlos die Märkte der Welt. Freihandel wurde zur obersten politischen Devise, denn so konnte das Land seinen Wettbewerbsvorsprung weltweit am besten zur Geltung bringen – mit der Folge, dass die wenigen Produktionsbetriebe, die damals in Irland noch handwerklich wirtschafteten, aus dem Markt herausgedrängt wurden. Immer mehr irische Arbeitsplätze gingen verloren, die Kaufkraft des Landes sank. Die arbeitslosen Werktätigen drängten wieder zurück aufs Land – oder mussten betteln gehen. Hungern taten sie ohnehin.

Irische Landpächter

Die irische Gesetzgebung des ausgehenden 18. und beginnenden 19. Jahrhunderts begünstigte die Zerstückelung des Landes in kleine Pachtflächen. So konnte die wieder zunehmende Landbevölkerung zwar aufgenommen werden, aber die zu bewirtschaftenden Äcker für die Armen wurden immer kleiner, was zunehmend die Versorgung der Bevölkerung mit ausreichenden Lebensmitteln in Frage stellte. Die Lösung dieses Problems bot die Kartoffel. Sie war so ertragreich und ernährungsphysiologisch so vielseitig, dass sie fast als alleiniges Grundnahrungsmittel die Pächter mit ihren Familien ernähren konnte. In der Regel fütterten diese noch ein Schwein oder eine Kuh dazu, die aber allzu oft verkauft wurden, wenn die Pacht fällig war. Die irische Kartoffelwirtschaft in der Mitte des 19. Jahrhunderts stellte also fast eine reine Subsistenzwirtschaft dar, die den vielen kinderreichen Familien gerade eben ein Auskommen am Existenzminimum bot. Im Jahre 1841 soll es 700.000 solcher Pächter mit einer Bewirtschaftungsfläche von weniger als *15 acres* (knapp sechs Hektar) gegeben haben. Und schon im Jahre 1833 wurde fast die Hälfte des Ackerlandes dieser Pächter mit Kartoffeln bebaut.

Hinzu kam, dass diese Kulturpflanze mit relativ wenig Mühen größere Erträge als alle anderen Ackerfrüchte erbrachte – die anspruchslose Kartoffel war genau das Richtige für die irischen Landpächter.

In dieser Situation konnte der Befall der Ernte mit dem *Pilz Phytophthora infestans* ab 1845 eine wahrhaft grauenvolle Wirkung entfalten. Dass Kartoffelernten schlecht ausfielen, kannten die Iren aus der vorangegangenen Zeit, in der es immer wieder schlechte Ernten gegeben hatte, aber meist beschränkten sich solche Probleme auf lokal begrenzte Gebiete. Der Ernteausfall des Jahres 1845 war jedoch beinahe total – nur im nördlichen Ulster blieben einige Gebiete noch weitgehend verschont. Hier konnten die wenigen frühen Kartoffelsorten noch vor dem Ausbruch der Pilzepidemie eingebracht

werden. Im Jahre 1846 brach die Katastrophe dann über das ganze Land herein.

Erstmals wurde der Pilz *Phytophthora infestans* im Jahre 1843 in Amerika entdeckt. In seiner Ausgabe vom 16. August 1845 berichtete bereits auch der englische „Gardener's Chronicle" von einer neuen Kartoffelkrankheit, die sich auf der Isle of Wight ausbreitete. Meldungen aus anderen Teilen Europas, wo sich Vergleichbares abspielte, häuften sich. Und so musste der „Gardener's Chronicle" am 12. September bereits vermelden, dass nun auch die Kartoffeln auf den Feldern um Dublin zu verfaulen begannen und dass es zu einer nationalen Aufgabe werde, Kartoffeln zu Kartoffelmehl zu verarbeiten.

Father Mathew, ein streitbarer katholischer Priester seiner Zeit, berichtete anschaulich von dem schnellen Verfall der Kartoffeläcker im darauf folgenden Jahr: „Am 27. Juli [1846] fuhr ich von Cork nach Dublin, und diese verhängnisvolle Pflanze blühte in aller Üppigkeit einer überschwänglichen Ernte. Als ich am 3. August zurückkehrte, erblickte ich mit Schauer eine weite Wüste an verfaulender Vegetation. Vielerorts sahen die unglücklichen Leute händeringend dem Verfall ihrer Äcker zu und beklagten bitterlich die Zerstörung, die sie dem Hunger auslieferte."

Von Dublin aus breitete sich die Kartoffelknollenfäule mit verheerender Geschwindigkeit aus. Verhängnisvoll war zudem, dass in Irland hauptsächlich eine späte Kartoffelsorte angebaut wurde, nämlich die Sorte „Lumper". Die Anfälligkeit dieser Kartoffelsorte bedeutete das wirtschaftliche Ende für die Pächter. Sie konnten ihre Pacht nicht mehr entrichten, die Agenten erhielten keine Provision mehr, die Großgrundbesitzer, die aufgrund ihres tradierten Lebenswandels oft hoch verschuldet waren, verloren

Irish Stew

Zutaten (für 4 Personen)

500 g mageres Lammfleisch aus der Schulter
250 g Kartoffeln
3 mittelgroße Zwiebeln
250 g Weißkohl
½ TL Kümmel
½ l Fleischbrühe
Salz, Pfeffer, Petersilie

Zubereitung

Das Lammfleisch, die Kartoffeln und die Zwiebeln in Würfel schneiden. Den Weißkohl putzen und in grobe Streifen schneiden. Alles abwechselnd mit Kümmel in einem großen Topf schichten.

Jede Schicht nach Geschmack würzen. Mit Fleischbrühe auffüllen und zugedeckt ca. 50 Minuten bei mittlerer Hitze garen.

Irish Stew mit Petersilie garniert servieren.

Zubereitungszeit: 65 Minuten

ihre wichtigste Einnahmequelle. Die gesamte irische Wirtschaft war erschüttert und sollte sich – genauso wie die Bevölkerung – ein Jahrhundert lang von diesem Schlag nicht mehr erholen.

Das irische Drama

Das irische Drama nahm seinen Lauf. Es musste den Menschen wie Hohn vorgekommen sein, dass der „Limmerick Chronicle" in seiner vorjährigen Ausgabe vom 17. Dezember 1845 die Farmer noch dazu aufgerufen hatte, die dreifache Menge an Kartoffeln als Saatgut in das nächste Jahr hineinzuretten. Dort, wo überhaupt noch frühe Kartoffeln geerntet werden konnten, war dies selbst bei besten Vorsätzen kaum noch durchzuführen. Die Kartoffelknollenfäule hatte nicht zum Erntezeitpunkt ihr grausames Wirken eingestellt, sondern sie drang auch in die Kartoffellager ein. Vor den Augen der Farmer verfaulten auch die Kartoffeln auf den Höfen. Und so stand für das Jahr 1846 entweder überhaupt kein oder nur infiziertes Saatgut zur Verfügung. Dort, wo infiziertes Saatgut angepflanzt wurde, brach die Krankheit sofort erneut aus. Die Menschen standen 1846 endgültig vor dem Nichts.

Kein Wunder, dass unter diesen Umständen die Getreidepreise ins Unermessliche stiegen. Die Hilfslieferungen aus Großbritannien konnten wie die Arbeitsbeschaffungsprogramme nur punktuell für eine Linderung der Not sorgen. Überall litten die Menschen an Unterernährung. Die Situation wurde unerträglich. Die Auswirkungen des Nahrungsmangels – es fehlten ja nicht nur Kartoffeln, auch Fleisch oder Milch standen der Bevölkerung ja kaum noch zur Verfügung, weil die wenigen Tiere nicht zu halten gewesen waren –

führten rasch zu Vitaminmangel. Vor allem Vitamin C fehlte, was zu einer Skorbut-Epidemie führte, die in ihrer kritischen Form als Ophtalmia bei vielen Iren zu Blindheit führte. Die vom Skorbut ausgelöste allgemeine Körperschwäche förderte zudem den Ausbruch aller nur denkbaren anderen Krankheiten. Bei normaler Entwicklung hätte Irland im Jahre 1850 neun Millionen Einwohner haben müssen. Tatsächlich waren es zweieinhalb Millionen weniger. Alleine eine Million Menschen sollen verhungert sein. Dies war der irischen Katastrophe erster Teil. Der zweite Teil folgte unmittelbar darauf.

Auch für die Folgeprobleme spielte die damalige wirtschaftspolitische Entscheidung, den Freihandel zu forcieren, eine große Rolle. Denn der Freihandel betraf auch die irische Landwirtschaftsstruktur. So wurde der Wegfall der Kornzölle unter anderem mit dem Argument durchgesetzt, dass man billiges Getreide für die Hungernden in Irland benötigte. Getreideanbau wurde infolgedessen auch in Irland unwirtschaftlich. Die bislang mit Ackerfrüchten bebauten Böden wandelten die englischen Besitzer in der Folge konsequent in Weideland um. Der nunmehr lästigen Pächter konnte man sich entledigen, denn diese waren ja ohnehin nicht mehr in der Lage, ihren Pachtverpflichtungen nachzukommen. Von den englischen Landbesitzern von ihrem Land und aus ihrer Heimat vertrieben, blieb diesen Menschen wiederum nur die Wahl wie zur Zeit der Hungersnot: betteln oder auswandern. Bei den Verbliebenen wuchs der Hass gegen die englischen Landlords. Und die Auswanderer nahmen ihre Vorbehalte gegen alles Britische nach Amerika mit. Und auch das sollte Folgen haben.

Kartoffeln mit Stippe

– Der Kartoffelalltag in Pommern –

Der feldmäßige Kartoffelanbau hat zwar in Mitteleuropa nie die Ausmaße angenommen wie in Irland, aber er setzte schon weit vor der Zeit Friedrich des Großen ein. Nach allen bekannten Unterlagen hat der Anbau von Kartoffeln zu Ernährungszwecken in Deutschland im Voigtland begonnen. Nachweisbar ist der Kartoffelanbau in Kapellenberg ab etwa 1680. Auch in der Nürnberger Gegend sind Kartoffeln schon Ende des 17. Jahrhunderts angebaut worden.

Um diese Zeit gab es für den feldmäßigen Kartoffelanbau neben den anderen genannten Hinderungsgründen noch ein weiteres Problem zu überwinden, das in der traditionellen Dreifelderwirtschaft begründet war. Die Reihenfolge aus Sommergetreide, Wintergetreide und Brache wurde seit den Zeiten Karls des Großen eingehalten. Steuer- und Pachtabgaben wie etwa der Zehnt richteten sich nach dieser Bewirt-

schaftungsform, und natürlich waren die bäuerlichen Gerätschaften daher nur auf Getreidebau und auf das wenige Vieh abgestellt, das nach der Getreideernte über die Brache getrieben wurde, um sich dort endlich einmal satt essen zu können. Neben all den Vorurteilen und der Furcht der Landleute vor der neuen Knolle und ihrer möglichen Giftigkeit – was ja für Keime, Blätter und Früchte durchaus zutrifft – war es vor allem auch die Unerfahrenheit im Umgang mit der neuen Ackerfrucht, die dem Kartoffelanbau damals entgegenstand.

Erst mit der Aufhebung des sogenannten Hut- und Triftzwanges im 19. Jahrhundert, also der Aufhebung des Zwangs, die Brache (Hut und Trift = minderwertiges Weideland) zu beweiden, wurde der Weg frei, die Brache für den Anbau von Ackerfrüchten zu nutzen. Hierfür kamen in erster Linie die Hackfrüchte in Betracht, allen voran Kartoffeln und Rüben.

Der Siegeszug der Kartoffel

Jetzt trat die Kartoffel ihren unvergleichlichen Siegeszug an. Was auch daran lag, dass die Knolle selbst für schlechte oder sandige Böden geeignet war. Wo sonst fast nichts anderes wuchs, brachte sie tatsächlich noch nennenswerte Erträge. Kartoffeln schmeckten darüber hinaus auch dem Vieh. Die Schweinemast wäre ohne Kartoffeln fast nicht denkbar gewesen. Und im Verbund mit anderen Futterpflanzen wie Rüben oder Klee gedieh das Vieh prächtig. Und es gab wieder reichlich Dung, die Ernteerträge stiegen.

Und dennoch: Hungersnöte wurden zwar seltener, aber es gab sie noch. Die letzte große Hungersnot, die in Deutschland nicht durch kriegerische Handlungen herbeigeführt worden war, ereignete sich am Ende der ersten Hälfte des 19. Jahrhunderts zeitgleich mit der irischen Hungerkatastrophe, als die Kartoffelkraut- und Knollenfäule auch die deutschen Äcker befallen hatte. Die Revolution des Jahres 1848 wurde im Übrigen auch durch die Unzufriedenheit des Volkes über die Nahrungsmittelversorgung und die Teuerung bei Lebensmitteln mit ausgelöst.

Doch all dies konnte den weiteren Siegeszug der Kartoffel nicht bremsen. Sie wurde zum Volks- und Grundnahrungsmittel in vielen Ländern Europas. Um die Wende zum 20. Jahrhundert betrug der Pro-Kopf-Verbrauch annähernd 400 Kilogramm Kartoffeln pro Jahr – die Anteile für Kartoffelschnaps und Viehfutter mit eingerechnet. Der Schwerpunkt des Kartoffelanbaus hatte sich auf Nord- und Ostdeutschland konzentriert, dort, wo die ansonsten nicht sonderlich fruchtbaren sandigen Böden der Heide in Mecklenburg und Brandenburg, Pommern und Ostpreußen vorherrschten, konnten durch die Knolle wieder beachtliche landwirtschaftliche Erträge verzeichnet werden. Hier bestimmte die genügsame Knolle zunehmend das Alltagsleben auf dem Land.

Christian Graf von Krockow erinnert sich in seinem bemerkenswerten Buch *Die Reise nach Pommern – Bericht aus einem verschwiegenen Land* an diese Lebensumstände in seiner alten Heimat, die er am Ende des Zweiten Weltkriegs angesichts der anstürmenden Russen wie fast alle anderen Deutschen fluchtartig verlassen hatte. Als er Jahrzehnte später seine angestammte Heimat wieder aufsucht, findet er ein völlig anderes Land vor, das nun von Polen bewirtschaftet wird. Vieles hat sich geändert, manches haben die neuen Herren weitergeführt – so vor allem die Kartoffelwirtschaft. Doch Krockow streckt mit seinem Buch die versöhnende Hand nach Pomorze, wie Pommern nun heißt, aus und es ist darüber hinaus eine wahre Fundgrube für Informationen über die früheren Lebensumstände auf dem pommerschen Land.

Es war vormals ein hartes und entbehrungsreiches Leben, das Graf von Krockow schildert. Die Ernten reichten kaum, um die Bauern und ihre Familien zu ernähren. War das Wetter schlecht oder traten späte oder zu frühe Nachtfröste auf, dann stand es schlecht um die Familie. Es gab nur wenige Möglichkeiten, den Ackerertrag zu steigern, jedenfalls solange es noch keine Kartoffeln gab. Als einzigen Dünger stand bis ins 19. Jahrhundert hinein eigentlich nur Stallmist zur Verfügung, den das Vieh den Winter hindurch produzierte. Je mehr Vieh der Bauer hatte, umso mehr Äcker konnte er lohnend bestellen. Je schlechter aber die Ernten waren, umso weniger Vieh konnte durchgefüttert werden. Hungerrationen für Mensch und Vieh waren normal. Die Tiere magerten ab und produzierten natürlich auch weniger Dung. Am

Landschaft in Pommern

Ende des Winters waren die Tiere oftmals so entkräftet, dass sie von selbst nicht mehr auf die Beine kamen. „Schwanzvieh" nannte man diese Tiere, weil sie am Schwanz auf die Weide gezogen werden mussten.

Der Bauer selbst konnte an seinen Lebensumständen kaum etwas ändern. Er schuftete tagein, tagaus – und oft nicht einmal für sich selbst. Die wenigsten Bauern in Pommern waren Besitzer des Bodens, den sie bestellten. Der größte Teil der Bauernschaft war einem Herren dienstpflichtig. Und natürlich brauchte der Herr die Arbeitskraft seiner Bauern immer dann, wenn es höchste Zeit war, den eigenen Acker zu bestellen. Es war ein jahrhundertelanger Kreislauf aus Arbeit und Armut angesichts der Launen der Natur. Aber allmählich kündigte sich die moderne Agrarwirtschaft an. Zuerst kam der Klee, der nicht nur Grünfutter und Heu ergab, sondern Stickstoff im Boden band – eine Naturdüngung, die intensivere Fruchtfolgen als die alte Dreifelderwirtschaft ermöglichte. Und dann okkupierte die Kartoffel die sandigen Böden Pommerns, und mit ihr ging es in Pommern landwirtschaftlich endlich bergauf. Sie sorgte sogar für ein wenig Bargeld in den Taschen der Bauern. „Eigentlich hätte man der

Kartoffel, statt für den König von Preußen an der Oder einen Triumphbogen errichten müssen", schreibt Krockow und fährt fort: „Sie und dieses Land sind füreinander geschaffen."

Die Kartoffel hatte zwar gerade in Pommern die bäuerliche Existenz sicherer gemacht, aber nach wie vor mussten alle Mitglieder der bäuerlichen Familien mit zupacken. Die Alten hüteten die Enkel und das Herdfeuer, wenn sie für das Feld nicht mehr taugten, und verrichteten die Arbeit in Haus und Garten. Genauso selbstverständlich war Kinderarbeit. Gänse und Kühe hüten mussten die Jüngsten und „Kartoffelferien gab es ganz gewiss nicht zum Spaß", merkt Krockow an, „jede Hand, sei sie noch so klein, wurde beim Einsammeln der kostbaren Erdäpfel dringend gebraucht".

Deputanten und Deputate

Doch nicht nur die Bauern sondern auch die Lohnarbeiter auf den großen Gütern, die Deputanten, profitierten von den Kartoffeln. Neben ihrem kargen Lohn stand ihnen freies Wohnen, ein kleiner Hausgarten und in der Regel ein Morgen Ackerland für den eigenen Gemüse- oder Kartoffelanbau zu. Manchmal erhielten sie auch zusätzlich Deputatkartoffeln.

So breitete sich die Kartoffelwirtschaft immer weiter aus, und gerade Hinterpommern spezialisierte sich mit seinen besonders geeigneten Böden auf den Pflanzkartoffelanbau. Hier wurde der größte Teil des Pflanzgutes im Deutschen Reich hergestellt – und hier wurde auch fleißig destilliert.

Die Spritbrennereien, die Kartoffeln verarbeiteten, waren in zweierlei Hinsicht von allergrößter Bedeutung für das Landleben in Pommern: Zum einen lieferten sie als Nebenprodukte Kartoffelflocken und die sogenannte Schlempe, beides für das Vieh im Winter eine willkommene Erweiterung der Stallfütterung, und zum anderen war es natürlich der Alkohol selbst, der es den Menschen angetan hatte. In diesem Zusammenhang berichtet Krockow noch von einem ungeklärten, hinterpommerschen Welträtsel: „Der noch unvergällte Spiritus war natürlich ein heiß begehrtes Produkt – und darum die Brennereianlage zollamtlich plombiert. Ein ungetreuer Brennmeister, der heimlich die eigene Anlage anzapfte, konnte die Brennlizenz verlieren. Kam nun der Tag der Abnahme heran, so erschienen Zollbeamte. Der eine überwachte in der Brennerei das Füllen der Transportfässer, die wiederum plombiert wurden, der andere auf dem Bahnhof das Einfüllen in den Kesselwagen, der abermals unter Zollverschluss stand. Alles war also versiegelt und unter Kontrolle; am Ende wurden sogar die Transportfässer unter Aufsicht gespült. Dennoch: Nach vollbrachter Arbeit, wenn der Tag sich neigte und die Zöllner heimfuhren, folgte im Dorf eine selige Trunkenheit, so sicher wie das Amen in der Kirche. Wie nur in Gottes oder des Teufels Namen war das möglich?"

Kartoffeln mit Stippe

Zutaten (für 3 Portionen)

800 g mehligkochende Kartoffeln

¾ EL Salz

für die Stippe

1 große rote Zwiebel

2 Lauchzwiebeln

3 kleine Gewürzgurken

50 g Silberzwiebeln

70 g durchwachsener Speck

3 EL Olivenöl

frisch gestoßener schwarzer Pfeffer

Zubereitung

Die Kartoffeln abspülen und dabei abbürsten. In ½ l Wasser mit dem Meersalz bei leicht geöffnetem Topf etwa 20 Minuten gar kochen. Abgießen und in einem Küchentuch heiß halten. Auf den Kartoffeln bildet sich so eine Salzschicht.

Für die Stippe: Zwiebel abziehen, Lauchzwiebeln putzen, Gewürzgurken und Silberzwiebeln abtropfen lassen. Zwiebel, Lauchzwiebel, Gewürzgurken und Silberzwiebeln würfeln. Den Speck ebenfalls würfeln und im heißen Olivenöl bei kleiner Hitze knusprig braten. Alle Zutaten dazugeben und kurz mitdünsten. Mit Pfeffer würzen.

Die Kartoffeln zum Essen mit einer Gabel teilen und mit der offenen Seite in die Stippe drücken.

Zubereitungszeit: 30 Minuten

Blutwurstkartoffeln

– Kartoffeln in der Not –

„Zur Herstellung von Blutwurstkartoffeln erhitzt man den Inhalt einer frischen Blutwurst mit reichlich angeschmorten Zwiebeln und ½ Tasse Milch. Daran gibt man eine gute Prise Majoran und eine Schüssel aufgeschnittene Kartoffeln, Salz und Pfeffer und rührt das Ganze gut um. Anstelle von Blutwurst kann auch Leberwurst genommen werden."

Dieses einfache Rezept zum Verlängern und Strecken eines Gerichtes verdanken wir Prof. Dr. Phil. Wolfgang Protzner, Professor für Didaktik der Geschichte an der Universität Bamberg, aus seiner Darstellung *Vom Hungerwinter bis zum Beginn der Fresswelle*, einer Schilderung der Ernährungssituation in und nach dem Zweiten Weltkrieg.

Das folgende Rezept „Gestreckte Fleischplanzl" entstammt der gleichen Quelle und ist ein weiteres Zeichen für den Einfallsreichtum der damaligen Zeit. Not macht eben erfinderisch.

„Mit zuviel Brot oder Kartoffeln gestreckt schmecken Fleischpflanzl (Frikadellen, Bouletten und auch Deutsches Beefsteak genannt) langweilig. Mischt man dagegen durchgedrehten roten Rübensalat bis zum Fleischgewicht darunter, so bleiben sie schön rot und geschmacklich befriedigend. Der Rübengeschmack tritt völlig zurück."

Trotz aller Entbehrungen, die die Menschen während und nach dem Ersten Weltkrieg erleiden mussten, dachten die Machthaber des Zweiten Weltkrieges nicht im Traum daran, dass sich Deutschlands Schicksal noch einmal wiederholen könnte. Doch sie hätten wissen müssen, welche Not und vor allem auch welche Nahrungsmittelknappheit ein neuer Krieg mit sich bringt. Die beiden Weltkriege des letzten Jahrhunderts setzten also in jeder Hinsicht neue Maßstäbe für das, was vom Menschen geschaffene Waffen anrichten können. Flugzeuge trugen die kriegerische Auseinandersetzung flächendeckend in das Hinterland hinein, um auch die Zivilbevölkerung zu treffen. Die deutsche Luftwaffe nahm gleich zu Beginn des Zweiten Weltkriegs Bombardierungen englischer Städte vor. Die alliierten Bomber zerstörten dann bis zum Ende des Krieges nahezu alle größeren deutschen Städte. Und die neue Waffengattung der U-Boote ermöglichte es vor allem dem Deutschen Reich, die britischen Versorgungslinien auf allen Meeren empfindlich zu treffen. Damit war bereits im Ersten Weltkrieg begonnen worden. Bis zum Höhepunkt des Zweiten Weltkriegs stellte die U-Boot-Waffe eine existentielle Gefahr für die Alliierten dar – bis schließlich das Radar dieser Waffengattung ihre Schärfe nahm.

Die weltweite Ausdehnung der militärischen Auseinandersetzungen stellte nicht zuletzt auch die Versorgungslage der europäischen Alliierten vor völlig neue Probleme. Hatte doch beispielsweise der englische Handelsliberalismus im 19. Jahrhundert die britische Insel bis zum Ausbruch des Ersten Weltkrieges in äußerstem Maße von Nahrungsmittelimporten abhängig gemacht, was sich in beiden Kriegen für die Versorgung der Bevölkerung empfindlich bemerkbar machte.

Großbritannien im Ersten Weltkrieg

Vor dem Ersten Weltkrieg deckte Großbritannien vier Fünftel seines Getreide- und zwei Fünftel seines Fleischbedarfes durch Importe. Im April 1915 wurde unter dem Eindruck des ersten Kriegsjahres in Großbritannien ein Komitee unter der Leitung von Lord Milner gegründet, um die Eigenproduktion von Nahrungsmitteln nachhaltig zu fördern. Und dem Landwirt-

Erster Weltkrieg – Schlacht um Verdun

schaftsministerium wurde eine Abteilung für Nahrungsmittelproduktion angegliedert, die alle Anstrengungen unternahm, die in den zurückliegenden Jahrzehnten stark zurückgegangene Ackerfläche durch Umwandlung von Weide in Ackerland wieder zu erhöhen. Bis 1918 konnte man so tatsächlich die einheimische Produktion von Getreide und Kartoffeln um über die Hälfte steigern. Betrug die Kartoffelernte im Jahre 1916 in Großbritannien noch 2,5 Millionen Tonnen, so erzielte man 1918 bereits 5,4 Millionen Tonnen. Dabei konnte Großbritannien bereits auf Erfahrungen mit einer kriegsbedingten Nahrungsmittelknappheit zurückblicken: Die napoleonische Kontinentalsperre hatte schon zu Beginn des 19. Jahrhunderts zu einer außerordentlichen Verschlechterung der Ernährungssituation geführt. Da man damals keine Preisbindungssysteme kannte, schossen die Getreidepreise in Schwindel erregende Höhen, so dass die arme Bevölkerung besonders hart von den kriegerischen Auseinandersetzungen betroffen war. Dieses Problem konnte in Großbritannien im Ersten Weltkrieg bereits viel besser gelöst werden.

Exkurs: Was der Kartoffelkäfer alles anrichten kann

Der bildhübsche, etwa ein Zentimeter lange Kartoffelkäfer ist mit seinen zehn schwarzen Längsstreifen auf den Flügeldecken und seiner schwarzen Halsschildzeichnung einer der gefräßigsten Feinde der Kartoffelpflanze. Kurz vor dem Zweiten Weltkrieg begann sich dieser Kartoffelschädling explosionsartig in Deutschland zu vermehren. Seine Larven, die mindestens genauso gefräßig wie der Käfer selbst sind, haben erst eine grau-gelbe, dann eine dunkelrote Färbung, sind etwa eineinhalb Zentimeter lang und tragen an den Körperseiten zwei Reihen schwarzer Punkte.

Der Kartoffelkäfer überwintert in bis zu 50 Zentimeter Bodentiefe und erscheint zwischen Ende April und Anfang Mai, sobald die Bodentemperatur zehn Grad übersteigt. Die Weibchen legen an der Blattunterseite der Kartoffelpflanzen ihre orange-gelben Eier ab, bis zu 800 Eier pro Jahr. Nach vier bis sieben Tagen schlüpfen die Larven aus, die sich nach einer weiteren Entwicklungszeit von drei bis vier Wochen dreimal häuten. Die Verpuppung erfolgt im Boden, direkt

Kartoffelkäfer

unter der Erdoberfläche. Der Jungkäfer braucht für seine Entwicklung zwei bis vier Wochen, so dass die Gesamtentwicklungszeit des Kartoffelkäfers zwei Monate kaum übersteigt. Ungünstige Temperaturen und zu hohe Feuchtigkeit können diesen Entwicklungszeitraum allerdings verlängern. Die Kartoffelkäfer wie auch ihre Larven fressen tiefe Löcher in die Kartoffelblätter, verachten aber auch die Stängel und Stiele nicht, bis sie schließlich die gesamte Pflanze vernichtet haben.

Der Kartoffelkäfer ist bei uns, wie sein Name schon sagt, auf die Kartoffel spezialisiert. Nur in Notzeiten rettet er sich auch auf andere Nachtschattengewächse wie die Tomate oder etwa die Aubergine. Dabei ist der Kartoffelkäfer seiner Herkunft nach gar kein Kartoffelliebhaber. Er stammt ursprünglich aus dem Osten Nordamerikas aus dem Bereich zwischen Kalifornien, New Mexico und Colorado. Die dort anzutreffenden Wildkartoffeln munden ihm überhaupt nicht. Das in der mexikanischen Wildkartoffel *Solanum demissum* enthaltene Glykoalkaloid Demissin ist dem Solanin der Kartoffel chemisch nahe verwandt. An Pflanzen, welche einen hohen Demissingehalt aufweisen, können sich die Larven des Käfers nicht entwickeln. Die Fähigkeit der Demissinanreicherung geht jedoch in Kulturkartoffeln, die mit dieser mexikanischen Wildkartoffel gekreuzt werden, verloren, so dass auch ihre Käferwiderstandsfähigkeit nachlässt.

Die wichtigste Bekämpfungsmethode gegen den Kartoffelkäfer bestand lange Zeit im einfachen, aber aufwändigen Ablesen der Blätter. Hierfür wurden während des Dritten Reiches der Reichsarbeitsdienst oder Schüler eingesetzt. Auch noch in der Zeit nach dem Zweiten Weltkrieg verdankten die Kinder dem Kartoffelkäfer manch schulfreien Tag. Mittlerweile gibt es eine Vielzahl chemischer Mittel zu seiner Bekämpfung, aber auch das Einsetzen einer räuberischen Schildwanze der Gattung *Perillus* oder der Eintrieb von Hühnern in befallene Felder waren und sind üblich.

Geschmack hat der Kartoffelkäfer erst an der Kartoffel gefunden, als sich der Anbau von Kulturkartoffeln in den Vereinigten Staaten vom Hauptbevölkerungsgebiet im Osten immer weiter nach Westen ausdehnte, quasi parallel mit dem Eisenbahnbau und der zunehmenden Besiedlung des „Wilden Westens". Als diese Kulturkartoffeln, also unsere europäische Kartoffel *Solanum tuberosum*, die von Eu-

Kartoffelkäfer-Absaugmaschine

ropa wieder nach Nordamerika „exportiert" worden war, in Kalifornien ankam, lernte der Kartoffelkäfer sie nicht nur kennen, sondern fand auch Geschmack an ihr. Dies alles ereignete sich in der zweiten Hälfte des 19. Jahrhunderts. Und nun folgte der Kartoffelkäfer der Spur des Kartoffelanbaus westwärts. Bis 1874 gelangte er an die amerikanische Atlantikküste. In Deutschland datiert die erste bildliche Darstellung des Kartoffelkäfers aus dem Jahre 1876. Von Frankreich aus, wo er sich schon während des Ersten Weltkriegs in der Gegend um Bordeaux vermehren konnte, trat er dann seine geradezu explosionsartige Vermehrung über ganz Europa an.

Dem „Tausendjährigen Reich" war der Kartoffelkäfer besonders lästig, war er doch ein arger Widersacher gegen die vom Reichsnährstand proklamierte Ernährungsautarkie. Die bereits in den 2oer-Jahren vom Deutschen Reich erlassenen Verordnungen zur Bekämpfung des Kartoffelkäfers wurden von den Nationalsozialisten geradezu perfektioniert. Besonderes Augenmerk fand dabei der Westen Deutschlands, der unmittelbar an den bereits „verseuchten" Erbfeind angrenzte und angesichts der vorherrschenden Westwinde besonders durch Einflug der Kartoffelkäfer gefährdet war.

Viele Menschen in Deutschland glaubten lange daran, dass die Alliierten mit ihren Bombern auch Kartoffelkäfereier und Kartoffelkäferlarven über den Äckern des „Großdeutschen Reiches" abgeworfen hätten, um so seine Nahrungsmittelversorgung an empfindlicher Stelle zu treffen. ■

Deutschland in den Weltkriegen

Die Situation in Deutschland war in beiden Weltkriegen weitaus schlimmer als in Großbritannien. Der klirrend kalte „Steckrübenwinter" 1916/17 war wohl der seinerzeit härteste Winter für die deutsche Bevölkerung. Eine Vielzahl von Maßnahmen musste ergriffen werden, um die Not wenigstens etwas lindern zu können. Der Geheime Medizinalrat Professor Neumann, Direktor des Hygienischen Institutes der Universität Bonn, über diese Verordnungen und Verfügungen in den Kriegsjahren, dass „sie gleichzeitig ein anschauliches Bild davon geben, wie allmählich das Vollwertige dem Geringeren weichen musste und wie es auch möglich war, Streckmittel zu Rate zu ziehen".

Schon kurz nach Beginn der Kämpfe wurden im Deutschen Kaiserreich die ersten Erlasse zur Sicherstellung der Nahrungsmittelversorgung der Bevölkerung verfügt. Sehr bald spürte man nämlich, dass das Kriegsgeschehen nicht in kurzer Zeit (siegreich) zu beenden war. Zentrale Bedeutung hinsichtlich der Nahrungsmittelversorgung kam dem Getreide zu, vor allem dem Brotgetreide. So wurde schon am 28. Oktober 1914 verfügt, dass der Ausmahlungsgrad von Roggen und Weizen zu erhöhen war. Die hierfür angegebenen Prozentsätze mussten allerdings schon am 5. Januar 1915 hochgesetzt werden. Man begab sich auch auf die Suche nach Streckungsmitteln für das Brot – und fasste sofort die Kartoffel ins Auge. So war schon mit der eben erwähnten Verordnung vom 28. Oktober 1914 verfügt worden, dass dem Roggenbrot ein Pflichtzusatz von 5 Prozent Kartoffeln in Form von Kartoffelflocken, Kartoffelweißmehl oder als Kartoffelstärke beizugeben sei. Solches Brot musste eine spezielle Kennzeichnung „K" tragen. War die Streckung mit mehr als 20 Prozent Kartoffelzusatz erfolgt,

Soldatenfeldküche im Ersten Weltkrieg

so war diesem „K" die entsprechende Prozentzahl hinzuzufügen.

Später gestattete man dann als Brotzusatz auch Gerstenmehl, Hafermehl, Reismehl und Gerstenschrot. Mit der Erlaubnis, Kartoffeln durch Gerstenmehl, Hafermehl, Reismehl und Gerstenschrot zu ersetzen, bezweckte man einen noch höheren Beimischungsgrad von Substituten. Solcher Art beigemischte Brote mussten dann ab einem bestimmten Beimischungsprozentsatz die Bezeichnung „KK" tragen. Bald darauf wurde verboten, die Brotlaibe vor dem Ausbacken mit Fett zu bestreichen, um ihr Aneinanderkleben zu verhindern. Auch Mehl durfte hierfür nicht mehr genommen werden – weil es doch eine unnötige Vergeudung gewesen wäre. Zunächst versuchte man es als Ersatz mit Gips, doch erwies sich dieses Mittel als untauglich. Anstelle dessen verwandte man Holzmehl, Strohmehl oder Spelz-

mehl ohne mineralische Zusätze, um das Aneinanderkleben zu verhindern.

Als weitere Streckungsmittel des Brotes folgten dann auch Bohnenmehl, Sojabohnenmehl, Erbsenmehl, fein vermahlene Kleie, Maismehl, Maniok und Tapiokamehl. Doch diese Erweiterung der Beimischungspalette war mehr theoretischer Natur, standen doch auch diese Ersatzstoffe schon bald nicht mehr in ausreichender Menge zur Verfügung. Wohl gab es im Sommer 1916 noch Leguminosenmehl und Maismehl, doch erfuhren diese Rohstoffe schon bald eine solche Preissteigerung, dass eine billige Brotherstellung damit nicht mehr zu gewährleisten war. So musste man nach einem weiteren Ersatz für Kartoffeln suchen und fand ihn in der Rübe. Am 5. Februar 1917 wurde deshalb verfügt, dass zur Herstellung von Roggenbrot auch Rüben, nicht aber Zuckerrüben, verwendet werden

Vincent van Gogh und die Kartoffeln

Armut und Kartoffeln waren lebensbestimmend für große Teile der europäischen Bevölkerung im 19. Jahrhundert. Als billiges Volksnahrungsmittel ernährte die Kartoffel die wachsende Industriearbeiterschaft. Und auf dem Lande garantierte sie mit relativ wenig Aufwand so viel Ertragssicherheit, dass sie dort das Leben erträglicher machte. Die Landbevölkerung und das städtische Proletariat blieben zwar arm, aber ohne Kartoffeln hätten sie zudem gehungert. Auch der Maler Vincent van Gogh lernte diese Armut kennen, blieb sein Genie doch zu seinen Lebzeiten unerkannt. Und so wundert es nicht, dass er sich in seinem künstlerischen Schaffen auch dem Thema der Kartoffel gewidmet hat – ihm verdanken wir die wohl eindringlichsten Kartoffelbilder. Grund genug, um sich mit dieser Persönlichkeit ein wenig mehr zu beschäftigen.

Vincent van Gogh wurde im Jahre 1853 in Zundert bei Breda geboren und teilte mit vielen anderen Künstlern seiner Epoche das Schicksal, dass er unter seinen Zeitgenossen keine Anerkennung – und damit auch kein Einkommen – fand. Ohne die materielle Unterstützung seines jüngeren Bruders Theo, der ihn auch immer wieder in seiner Arbeit bestärkte, wären die unvergleichlichen Bilder van Goghs wohl gar nicht erst entstanden, Bilder eines „Einzelgängers, der sich von den derzeit herrschenden Strömungen in der bildenden Kunst gelöst hatte und weit darüber hinausragte". Die Kunstsammlerin Helene Kröller-Müller, die 20 Jahre nach dem Tod van Goghs erste Zeichnungen erwarb, bezeichnete ihn als einen der „großen Geister unserer modernen Kunst, auf den der Zeitgeist keinen Einfluss hatte, da die eigene Persönlichkeit in ihm zu mächtig war". Das Kröller-Müller-Museum in Otterlo bei Arnheim beherbergt wohl eine der schönsten van Gogh-Sammlungen, die wir heute in Museen finden können.

Dabei ist die Biographie van Goghs eigentlich die eines typischen „Verlierers". Im Alter von 15 Jahren brach er die Schule ab und arbeitete ab 1869 in einer Kunsthandlung in Den Haag. Von dort aus nach London versetzt, verliebte er sich in seine Wirtstochter, wurde von ihr aber abgewiesen. 1876 entließ ihn sein Arbeitgeber. In dieser schwierigen Situation trat seine Religiosität immer stärker in den Vordergrund. Nach einer Anstellung in einer Buchhandlung und später als Lehrer beschloss er, Theologie zu studieren. Das Studium brach er jedoch schon ein Jahr später wieder ab. Er wurde Wanderprediger in den belgischen Kohlengruben.

Um 1880 begann er mehr oder weniger autodidaktisch zu malen und in Zeichnungen und Aquarellen das Leben der Grubenarbeiter darzustellen. Sein Vetter, der Landschaftsmaler Anton Mauve, führte ihn dabei in die Grundlagen der Aquarell- und Ölmalerei ein. Van Gogh war in dieser Zeit von Millet und besonders von Israëls beeindruckt. In den Jahren 1880 und 1881 besuchte er mit Unterstützung seines Bruders die Zeichenakademie in Brüssel. In diesen Jahren entstanden wunderschöne Bilder und Zeichnungen von Landschaften, Bauern und Bäuerinnen und ihrer mühevollen Arbeit. Die Zeichnung vom pflügenden Bauer mit drei Bäuerinnen, die übrig gebliebene Kartoffeln auflesen sind ein beredtes Zeugnis hiervon, gleichermaßen wie die Kartoffelpflanzer, oder die zwei Bauersfrauen, die Kartoffeln aus dem Feld ausgraben. Das wohl berühmteste Bild dieser Schaffensepoche von Vincent van Gogh sind „Die Kartoffelesser", ein Sittenbild der Brabanter Bauern und ihrer Lebensart. Er schrieb über dieses Bild im April 1885 an seinen Bruder, „dass es ein echtes Bauernbild ist ... Ich habe mich nämlich nicht wenig bemüht, so zu arbeiten, dass man auf den Gedanken kommt, dass diese Leutchen, die da bei ihren Lämpchen Kartoffeln verzehren, mit diesen Händen, die sie in die Schüssel stecken, selbst die Erde umgegraben haben, und es spricht also von Handarbeit und davon, dass sie ihr Essen redlichst verdient haben".

Vincent van Gogh: Die Kartoffelesser; 1885

Wie bewusst sich van Gogh seiner eigenen schwierigen Situation war, geht aus einem anderen seiner vielen Briefe an seinen Bruder Theo vom Juli 1882 hervor: „Was bin ich in den Augen der Meisten? Eine Null, oder ein Sonderling, oder ein unangenehmer Mensch, jemand, der in der menschlichen Gesellschaft keine Stellung hat oder haben wird, nun denn, etwas Geringeres als die Geringsten." Tiefster Pessimismus spricht aus seinen Zeilen, ein frühes Zeugnis seines depressiven, unruhigen, gequälten Geistes – Vorbote seiner späteren geistigen Erkrankung.

Ende 1885 verließ van Gogh sein ländliches Domizil. Zunächst zog er zu seinem Bruder nach Paris, wo er mit all jenen Malern in Kontakt kam, die genau wie er erst viel später akzeptiert wurden: Pissarro, Toulouse-Lautrec, Signac, Bernard und Gaugin. Doch keine der von diesen Künstlern vertretenen Stilrichtungen überzeugte ihn völlig. So ging er seinen eigenen Weg. Motive, Farben und vor allem sein Pinselstrich entwi-

ckelten sich zu immer unverwechselbareren kompositorischen Elementen seiner Werke. Sein Stillleben „Kartoffeln in gelber Schüssel", bereits in Arles gemalt, wohin er im Frühjahr 1988 übersiedelt war, zeugt von einem ersten Schritt in diese Richtung.

Von Paris aus zog es ihn in die Provence, wo sich dann sein persönlicher Stil endgültig ausprägte. Sein zunehmend befremdliches Benehmen bereitet immer mehr Probleme mit seiner Umgebung. Auf Anraten seines Bruders stimmte er einem Aufenthalt in der Nervenheilanstalt St. Remy zu. Als dann im Jahr 1890 erstmals in Brüssel ein Bild von ihm verkauft wurde, besserte sich kurzzeitig sein Zustand. An seiner Malweise war jedoch sein tatsächlicher Zustand abzulesen: Die Farben seiner Bilder wurden immer greller, die Pinselstriche immer erregter, die Himmel immer drohender. Am 27. Juli 1890 schoss sich van Gogh in die Brust, woran er zwei Tage später verstarb. ∎

durften, und zwar in der Weise, dass 100 Teile Trockenrüben, 100 Teile Kartoffelflocken und 100 Teile frische Rüben 50 Teilen gequetschten oder geriebenen Kartoffeln entsprächen. Professor Neumann vermerkt zu dieser Regelung, dass die Zeit des Rübenbrotes glücklicherweise nicht von allzu langer Dauer war, denn mit dem Herbst 1917 trat wiederum eine leichte Verbesserung der Versorgungslage ein.

Kaum waren die Schrecken des Ersten Weltkrieges überwunden, da brachte die Weltwirtschaftskrise neue Not und neues Elend über die Menschen. Auch diese Krise wurde überwunden, aber zu welchem Preis? Am 1. September 1939 verkündete der Führer über Radio: „Seit 5.45 Uhr wird zurückgeschossen!" Der Zweite Weltkrieg hatte begonnen.

Hinsichtlich der Nahrungsmittelversorgung in Deutschland hatte der Krieg schon vor dem 1. September begonnen. Die Rationierung der Lebensmittel war nämlich bereits am 28. August 1939 verfügt worden. Die Nahrungsmittelversorgung war besser organisiert als im vorangegangenen Krieg – und so blieb den Hausfrauen genügend Spielraum, um mit vorhandenen Zutaten und Streckungsmitteln halbwegs passable Mahlzeiten auf den Tisch zu bringen. Spätestens mit dem Zusammenbruch des „Dritten Reiches" brach dann auch die Nahrungsmittelversorgung zusammen, wovon vor allem der Osten des ehemaligen Reichs betroffen war. Insgesamt war der Hungerwinter 1945/46 weitaus schlimmer als die Situation in allen Kriegsjahren zuvor.

Großbritannien im Zweiten Weltkrieg

Bei Ausbruch des Zweiten Weltkrieges war Großbritannien keineswegs besser gerüstet als bei Ausbruch des Ersten Weltkrieges – nicht nur was die militärische Aufrüstung betraf, sondern insbesondere auch hinsichtlich der Ernährungssicherung der Bevölkerung. Aber die technischen und administrativen Möglichkeiten waren weiter vorangeschritten als 35 Jahre zuvor. Und viel schneller als im Ersten Weltkrieg griff man auf die Kartoffel als ertragreiche Ergänzung zum Getreideanbau zurück. Jetzt wurde sogar ein eigenständiges Ministerium für Ernährung aufgebaut. Dieses hatte alle Nahrungsmittelressourcen zu regulieren und die Warenströme zu lenken, und dies zu Preisen, die es jedermann ermöglichten, sich angemessen zu ernähren. Dem bekannten britischen Kartoffelforscher Redcliffe Salaman zufolge war es mit dieser hervorragenden Organisation gelungen, die britische Bevölkerung durch die Kriegsjahre hindurch so zu versorgen, wie es den Angehörigen der ärmeren Klassen in Großbritannien früher selbst zu Friedenszeiten nicht möglich gewesen war.

Wie im Ersten Weltkrieg pflügte man in Großbritannien auch 1940 wieder die Weiden um und legte Getreide-, Kartoffel- und Rübenäcker an. Die Kartoffelanbaufläche wurde mehr als verdoppelt und die Erzeuger erhielten Zuschüsse für den Anbau auf weniger geeigneten Böden. Mit Hilfe dieser Maßnahmen wurde die Kartoffel während des Zweiten Weltkrieges zu dem am besten verfügbaren Nahrungsmittel in Großbritannien.

Die Sowjetunion im Zweiten Weltkrieg

Besonders hart betroffen vom Zweiten Weltkrieg war die Sowjetunion. Dies betrifft nicht nur die Zahl ihrer Toten, sondern gleichermaßen die Verwüstungen im Land und die schlimme Not,

Pfälzer Saumagen

Fleischwaren mit Kohlenhydraten zu „strecken" ist eine seit Jahrhunderten geübte Tradition, die der Armut der Menschen in den zurückliegenden Jahrhunderten geschuldet ist. Auch betrügerische Absichten waren und sind dabei nicht ganz auszuschließen. Das „Reinheitsgebot für Wurst" hat diesen Manipulationen ein Ende gesetzt. Einige dieser tradierten Rezepte, wie beispielsweise für Grützwurst oder für den nicht nur in der Pfalz so beliebten Saumagen sind erhalten geblieben.

Zutaten (für 3-4 kg)

1 Saumagen (muss beim Metzger vorbestellt werden)
1 ½ kg Schweinefleisch (aus Nacken und Schulter)
1 ½ kg Kartoffeln
1 ½ kg Mett (oder Wurstbrät)
2-3 EL Salz
½ TL Pfeffer
½ TL Muskat
1 TL getrockneter Majoran
½ TL Koriander
½ TL Nelkenpulver
½ TL Thymian
½ TL Kardamom (gemahlen)
½ TL getrocknetes Basilikum
etwas Lorbeerblatt (gemahlen)
50 g Zwiebel (in Würfel geschnitten)

Zubereitung

Das Fleisch in grobe Würfel schneiden. Kartoffeln schälen, in ca. 1 cm große Würfel schneiden und blanchieren. Fleisch, Kartoffeln und Mett vermischen, mit der Würzmischung abschmecken.

Saumagen unter fließendem kalten Wasser gründlich waschen, trocken tupfen. Den Fleischteig in den Magen füllen – nicht zu prall, damit er später nicht platzt – und mit Küchengarn fest zubinden.

Reichlich Salzwasser zum Kochen bringen, Hitze reduzieren. Saumagen in das Wasser geben und bei geringer Hitze 3 Stunden garen, nicht kochen lassen. Dann aus dem Sud nehmen und abtropfen lassen.

Saumagen mit Sauerkraut

Zutaten (für 4 Personen)

4 Scheiben Pfälzer Saumagen (1 cm dick)
1 Zwiebel
1 EL Schweineschmalz
500 g frisches Sauerkraut
6 Wacholderbeeren
Kümmel
1 Glas trockener Weißwein

Zubereitung

Die Zwiebel schälen und in kleine Würfel schneiden. Danach Schmalz in der Pfanne zerlassen und die Zwiebelwürfel darin hellgelb anbraten.

Sauerkraut mit ½ Liter Wasser aufkochen. Die zerdrückten Wacholderbeeren und den Kümmel zu dem Sauerkraut geben und 15 Minuten kochen. Dann das Sauerkraut auf ein Sieb geben, abtropfen lassen und zurück in den Topf geben.

Das Schmalz mit der Zwiebel sowie den Wein darüber gießen und für ca. 10 Minuten bei geringer Hitzezufuhr garen lassen.

Währenddessen den Pfälzer Saumagen in der Pfanne von beiden Seiten in Butter knusprig anbraten.

Zubereitungszeit: 35 Minuten

der die Bevölkerung durch die Kriegsauseinandersetzungen ausgesetzt war. Dabei war es schon vor dem Krieg nicht zum Besten mit der Nahrungsmittelversorgung in der Sowjetunion bestellt gewesen. Die Gründe sind vielschichtig, und die offiziellen Bemühungen zur Verbesserung dieser Situation bedeuteten nur einen Tropfen auf den heißen Stein angesichts dessen, was die Sowjets nach der Revolution im eigenen Lande selbst angerichtet hatten. Von einigen Bemühungen zur Verbesserung der Nahrungsmittelsituation war schon eingangs die Rede, von den russischen Expeditionen nach Südamerika mit dem Ziel, Wild- und Kulturkartoffeln zu sammeln, um sie zur Leistungssteigerung einheimischen Sorten einzukreuzen. Der Expeditionsteilnehmer Nikolai Iwanowitsch Vavilov wurde zum Leiter dieser Nutzpflanzenkollektion ernannt, die neben Kartoffeln auch viele andere Nahrungspflanzen umfasste. Zwischen den Jahren 1921 und 1934 beschäftigte er 20 000 Mitarbeiter, und viele von ihnen wurden ins Ausland geschickt, um Kulturpflanzen zu sammeln. In der Zeit von 1923 bis 1931 erhielt er auf diese Weise alleine 26 000 Muster von Weizenpflanzen. Im Überschwang ließ er sich zu der Bemerkung hinreißen: „Die Sowjets erobern den Weizen." Aber all seine Erfolge nutzten Vavilov nichts. Er fiel in Ungnade und verstarb im ersten russischen Kriegswinter – einer offiziellen Verlautbarung zufolge an einer natürlichen Ursache im Saratov-Gefängnis. Später unternahm man angesichts der Kriegswirren alles, um gerade die Kartoffelkollektion vor dem nationalsozialistischen Feind einerseits und der klirrenden Kälte der russischen Winter andererseits zu schützen. Selbst während der Belagerung Leningrads durch die deutsche Armee wagten die wenigen vor Ort noch ausharrenden Wissenschaftler trotz ihres Hungers nicht, die wissenschaftliche Kartoffelkollektion anzugehen – handelte es sich doch um die südamerikanischen Sorten, die die russischen Expeditionen zwei Jahrzehnte zuvor unter großen Mühen nach Hause getragen hatten.

Nach dem Krieg stellte sich dann heraus, dass Vavilov nicht an natürlichen Ursachen, sondern an Hunger gestorben war. Das Institut, das bis heute über seine Kartoffelkollektion verfügt, nennt sich heute „N. I. Vavilov-Institut".

Kartoffelforschung im Internationalen Kartoffelinstitut der
UNO in Lima

Papas à la Huancaina

– Kartoffeln für die Dritte Welt –

Das Rezept Papas à la Huancaina führt uns an den Ursprung der Kulturkartoffeln zurück. Es ist ein typisches Rezept aus Huancayo, einer der peruanischen Städte in den Hochanden. Das der Ursprung dieses Rezeptes aus dem alten Peru herrührt, lässt sich schon aus seiner Bezeichnung ablesen – denn *papa* ist ja, wie zuvor bereits erwähnt, das alte Ketschua-Wort für Kartoffel.

Huancayo zählt zu den größeren Städten Perus und liegt oberhalb von Lima auf etwa 3300 Meter Höhe inmitten eines intensiven hochandinen Kartoffelanbaugebiets. Umgeben von 5000 Meter und 6000 Meter hohen Andengipfeln ist die Stadt in das fruchtbare Mantaro-Tal eingebettet, das schon in präkolumbischer Zeit landwirtschaftlich genutzt wurde. Doch hier am Rio Mantaro, einem der Andenzuflüsse des Amazonas, sieht man heute natürlich nicht mehr den traditionellen Fußpflug der Indianer, die *taccla*. Hier wird längst maschinell gearbeitet und hier

kommen nur „moderne", ertragreiche Kartoffelsorten zum Einsatz. So macht das Mantaro-Tal im Gegensatz zu vielen anderen Hochandengebieten einen wohlhabenden Eindruck.

In vielen anderen Regionen der Dritten Welt – ein Begriff, der noch aus der Zeit des Kalten Krieges stammt und mit dem man die wirtschaftlich und technisch weniger entwickelten Ländern bezeichnete, die keinem der beiden Blöcke angehörten – herrscht jedoch nach wie vor Hunger. Allzu oft kommen auch noch Naturkatastrophen wie Stürme, Überschwemmungen oder Heuschreckenplagen mit ihren verheerenden Auswirkungen hinzu. Die Verbesserung der Nahrungsmittelversorgung in diesen so genannten Entwicklungsländern ist und bleibt eine Herausforderung, die alle Menschen auf der ganzen Welt betrifft.

In vielen dieser benachteiligten Gebiete der Dritten Welt könnte der Kartoffelanbau zu einer entscheidenden Verbesserung der Nah-

Oben: Kartoffelfeldbearbeitung in den Ostanden Perus
Linke Seite: Pflanzkartoffellagerung in tropischen Anbaugebieten

rungsmittelversorgung beitragen – einerseits, weil die Kartoffel ertragreicher als andere Ackerkulturen ist, andererseits aber auch, weil ihre ernährungsphysiologischen Vorzüge die vielfach zu einseitige Ernährungsweise in den Problemgebieten lindern könnte. Darüber hinaus ist der Kartoffelanbau relativ unproblematisch, weil er selbst mit reiner Handarbeit noch ertragreich ist und schon bei geringem Einsatz von Tier- oder Maschinenkraft Ertragssteigerungen erzielt werden können.

Doch bedarf es einiger Voraussetzungen, um den Kartoffelanbau gerade in den wärmeren Klimazonen der Erde zu steigern. Zunächst einmal bedarf es geeigneter Sorten für den Anbau in den Warmgebieten der Erde – dies betrifft ihre Boden- und Klimaverträglichkeit unter be-

sonderer Berücksichtigung der Lagerung des Pflanzgutes für den Folgeanbau. So gilt es vor allem, Sorten für den tropischen Anbau zu entwickeln, die den dortigen Pflanzenkrankheiten gewachsen sind. Hier könnte in Zukunft die Gentechnik neue Möglichkeiten eröffnen, diese Pflanzen resistenter gegen entsprechenden Befall zu machen. In vielen Ländern bestehen jedoch noch grundsätzliche Vorbehalte gegen diese neue Biotechnik.

Neben dieser Resistenzzüchtung gilt es, die besonderen Voraussetzungen der Pflanzgutlagerung zu berücksichtigen, um eine schnelle Verderbnis und ein zu frühes Auskeimen der Kartoffel zu verhindern. Hierfür hat man bereits spezielle Lagersysteme von Kartoffelpflanzgut in den Tropen entwickelt. Dabei handelt es sich

Papas à la Huancaina

Zutaten (für 8 Personen)
1 kg geschälte Kartoffeln
¼ Tasse frisch ausgepresster Zitronensaft
1 ½ TL zerriebene, entkernte, getrocknete
Pfefferschoten (Chili)
1 TL Salz
frisch gemahlener schwarzer Pfeffer
1 große Zwiebel, in dünne Scheiben
geschnitten und in Ringe zerteilt
100 g Frischkäse
⅔ Tasse Sahne
1 TL Kurkuma
2 TL entkernte, fein gehackte, frische rote
oder grüne Pfefferschoten
⅓ Tasse Olivenöl
1 frische rote oder grüne Pfefferschote,
entkernt und der Länge nach in dünne
Streifen geschnitten
4 hart gekochte Eier, der Länge nach
halbiert
8 schwarze Oliven
Blätter vom Kopfsalat

Zubereitung

Den Zitronensaft, die zerriebenen Pfefferschoten, ½ TL Salz und einige Prisen schwarzen Pfeffer in einer großen Schüssel verrühren. Die Zwiebelringe dazugeben, mit der Sauce vermengen und zugedeckt bei Zimmertemperatur ziehen lassen.

Die Kartoffeln in kräftig kochendes, gesalzenes Wasser geben. Sie sollen gar werden, aber nicht zerfallen.

Währenddessen Käse, Sahne, Kurkuma, zerhackte frische Paprikaschote, ½ TL Salz sowie einige Prisen Pfeffer in den Mixaufsatz der Küchenmaschine geben und die Mischung 30 Sekunden lang bei hoher Geschwindigkeit pürieren, bis sie glatt und sahnig ist.

Olivenöl in einer schweren Pfanne mit 25 cm Durchmesser bei mäßiger Temperatur erhitzen, die Käse-Sahne-Sauce hineingeben und bei schwacher Hitze unter ständigem Rühren 5 bis 8 Minuten kochen, bis sie dickflüssig ist.

Zum Servieren die Kartoffeln auf eine vorgewärmte Platte legen und mit der Sauce übergießen, die Zwiebelringe im Durchschlag abtropfen lassen und mit den frischen Pfefferschoten-Streifen über die Kartoffeln legen. Mit Salatblättern, Eihälften und schwarzen Oliven garnieren.

Anmerkung zu den Pfefferschoten

Die scharfen Pfefferschoten müssen mit großer Vorsicht zubereitet werden. Sie enthalten Capsaicin, das die Haut unangenehm reizen und in den Augen heftig brennen kann. Deshalb empfiehlt es sich, bei der Zubereitung von frischen Schoten unbedingt Gummihandschuhe anzuziehen. Vermeiden Sie, bei der Arbeit mit den Händen das Gesicht zu berühren.

Als erstes werden die Pfefferschoten in kaltem Wasser gesäubert. Unter fließendem Wasser zieht man den Stängel heraus und bricht oder schneidet die Schoten der Länge nach in zwei Hälften. Die Kerne können mit den Fingern entfernt werden. Sind die Rippen innen fleischig, so schneidet man sie mit einem Messer heraus – alles stets unter kaltem, fließendem Wasser. Hinterher die Hände gründlich mit Seife und warmem Wasser waschen.

um halb offene und halb abgedunkelte Räumlichkeiten, in denen die Kartoffeln auf erhöhten Lattenrosten luftig lagern und so gleichzeitig auch vor Schädlingsfraß geschützt werden. Dieses System, das im Übrigen vom Internationalen Kartoffelinstitut der UNO in Lima (Peru) entwickelt wurde, ist unter der Bezeichnung DLS *(diffused light seed storage,* Pflanzgutlagerung in diffusem Licht) in die Fachliteratur und in die Praxis eingegangen.

Doch die Pflanzgutverderbnis bleibt ein tropisches Problem. Insofern hat sich das Internationale Kartoffelinstitut gleichermaßen der Frage der Saatgutvermehrung von Kartoffeln gewidmet. Hierbei geht es um die Lösung des zentralen Problems, wie die außerordentlich großen Degenerationserscheinungen bei der Saatgutvermehrung von Kartoffeln geringer gehalten werden können. Es muss also Saatgut entwickelt werden, das die gewünschten Eigenschaften der zu produzierenden Knolle über mehrere Generationen weitgehend stabil erhält. *True potato seed* (TPS) heißt die Lösung des Problems – ein Saatgut, das seine „wahren", also seine erwünschten Erbanlagen der Pflanze weitgehend biologisch identisch an die nächste Generation überträgt. Dieses Problem ist durch züchterische Kunstgriffe inzwischen so weit gelöst, dass eine große Uniformität der Folgegenerationen von TPS-saatgutvermehrten Kartoffeln gegeben ist. Bei diesen Forschungsansätzen konnte man sich bereits auf die Erfahrung der Pflanzguterzeugung und Kartoffelsortenforschung in Europa stützen, bei der gleichermaßen mit saatgutvermehrtem Pflanzenmaterial gearbeitet wird, um von einer breiteren Ausgangsbasis für die Züchtungsprogramme ausgehen zu können.

Ein Problem ist aber bis heute trotz der großen Auswahl an Kartoffelsorten in den Anden in allen nur erdenklichen Formen und Farben noch nicht gelöst worden, nämlich frostresistente Kartoffelsorten zu züchten, die auch den allgemeinen Geschmacksvorstellungen der Verbraucher entsprechen.

Doch trotz aller Probleme: Das Potenzial der Kartoffel für die Verbesserung der Nahrungsmittelversorgung in den ärmeren Ländern der Erde ist noch lange nicht ausgeschöpft. An die 300 Millionen Tonnen Kartoffeln werden jährlich in den Ländern der Erde geerntet. Alleine die Weltweizenernte ist doppelt so hoch. Und wenn man in einem der kleinen Restaurants um den Hauptplatz von Huancayo sitzt, wo es selbstverständlich überall die Papas à la Huancaina gibt, vermag man gar nicht zu glauben, dass es bereits den Inkas schon Hunderte von Jahren zuvor gelungen war, das Nahrungsmittelversorgungsproblem im Wesentlichen auch mit Kartoffeln zu lösen.

Kartoffeln mit Kaviar

– Kartoffeln kulinarisch –

Nach dem Ende des Zweiten Weltkriegs hatte sich die Welt gründlich geändert. Sie war in zwei Blöcke gespalten, die Trennung verlief mitten durch das in Trümmern liegende Europa, das an politischer Bedeutung erheblich eingebüßt hatte. Fortan bestimmten die beiden Supermächte USA und Sowjetunion den wirtschaftlichen, politischen und militärischen Fortgang der Dinge. Die alten europäischen Kolonialmächte hingegen entließen die so genannte Dritte Welt in die politische Unabhängigkeit. Doch die ehemaligen Kolonien waren vielfach auf die neue Freiheit nicht genügend vorbereitet. Hatte man in Europa ein Jahrhundert zuvor durch industriellen Fortschritt und durch agrartechnische Weiterentwicklungen den Hunger überwunden, so breitete er sich in der Dritten Welt immer weiter aus.

In Europa selbst galt es jedoch zunächst, die kriegsbedingten Zerstörungen zu überwinden. In Westdeutschland gelang es mit amerikanischer Wirtschafthilfe und mit Einführung der D-Mark relativ schnell, nach der Katastrophe des Zweiten Weltkriegs das Land wieder aufzubauen. Der Wiederaufbau verlief hier sogar derart effektiv, dass man allenthalben nur noch vom „Wirtschaftswunder" sprach. Nach all den Jahren der Entbehrungen ging es den Menschen also in vieler Hinsicht spürbar besser. Nicht zuletzt auch auf dem Sektor der Ernährung. Jetzt, wo man es sich wieder leisten konnte, wollte man sich auch wieder richtig satt essen. Die so genannte „Fresswelle" hatte begonnen. Die Fleischstücke auf den Tellern wurden immer größer, die Soßen immer gehaltvoller – und natürlich gehörten zunächst auch Kartoffeln dazu. Doch die Kartoffel litt zunehmend unter ihrem Arme-Leute-Image. Kartoffeln erinnerten an schlechtere Tage und so wurden sie schließlich zur langweiligen Sättigungsbeigabe degradiert. Die Kartoffeln gerieten in Misskredit, weil ihnen von früher der Geruch des Gewöhnlichen anhaftete.

Das Wirtschaftswunder und die Fresswelle führten jedoch nicht nur zu einem neuen Selbstbewusstsein der aus Ruinen wiederauferstandenen deutschen Gesellschaft. Der neue

Überfluss führte schnell auch zu deutlich erkennbarem Übergewicht, zu Wirtschaftswunderbäuchen. Und so schlug das eine Extrem in ein anderes um. Schlank sein war auf einmal „in". Bloß nicht zuviel auf den Teller, bloß nicht zu fett! Kalorienzählen war plötzlich an Tisch und Herd das Maß der Dinge. Und als einen wahren „Kalorienhammer" hatte man neben vielen anderen Lebensmitteln auch die Kartoffel „auf den Index" gesetzt.

Eine Trendwende wurde mit der in den 1970er-Jahren in Frankreich ins Leben gerufenen „Nouvelle cuisine" eingeleitet. Natürlich schielte man kulinarisch auch in Deutschland über die Grenzen zum Nachbarn jenseits des Rheins. Und man lernte vom Mutterland der guten Küche, Gemüse nicht mehr zu verkochen, nicht mehr mit einer Mehlschwitze geschmacklich zu „vereinheitlichen" und damit zu erschlagen, man lernte, dass die Frische der Zutaten den Geschmack hebt, dass man Speisen schonend sowie zucker- und salzarm zubereiten kann. So puristisch aber, wie es die reine Lehre der „Nouvelle cuisine" wollte, mochte man in Deutsch-

lands Küchen dem aus Frankreich kommenden Trend nicht folgen. Also besann man sich wieder der eigenen Werte. Das Ergebnis war eine deutsche Küche, die sich im Geiste der „Nouvelle cuisine" auf ihre fast in Vergessenheit geratenen regionalen Traditionen und die Produkte, die die regionale Küche in Deutschland traditionell verwendete, berief. Die „Neue deutsche Küche" war geboren. Und auf einmal sah man die Kartoffel wieder in einem anderen Licht. Die Renaissance der Knolle begann!

Verbrauchereinstellungen

Der Verbraucher hatte also wieder einmal seine Meinung geändert. Es war diesmal aber kein Meinungsumschwung, wie er in Wellen immer wieder auftritt. Es war ein grundsätzlicher Wandel. Dieser Wandel manifestierte sich vor allem in der Tatsache, dass man die Nahrungsaufnahme nicht mehr nur als einen biologisch lebenserhaltenden Vorgang empfand, sondern als Quell der Freude. Kulinarischer Genuss macht das Leben noch lebenswerter – Essen bereitete auf einmal Spaß, Kochen wurde nicht mehr als Plackerei empfunden, sondern eher als Hobby. Man begann sich mehr und mehr für das Essen und die vielfältigen Möglichkeiten der Zubereitung zu interessieren. Die Flut von Kochbüchern, die seither erschienen ist, beweist, wie sehr das Informationsbedürfnis hinsichtlich der Zubereitung von Speisen gewachsen ist.

Die Kartoffel profitiert von diesem anhaltenden Trend. Der Verbraucher weiß mittlerweile, dass Kartoffel nicht gleich Kartoffel ist. Da gibt es mehlige, mehlig-festkochende und festkochende – die einen sind am besten für die immer noch geliebte Sauce geeignet, die anderen eignen sich besser als Salzkartoffeln und wie-

Pommes Rosa

Wer Kinder hat, wird wissen, was es mit der Bestellung „Pommes Rosa" an einer Imbiss-Bude auf sich hat. Ein Klecks Mayonnaise mit Ketchup vermischt auf frittierten Kartoffelstreifen ist namengebend für diese extravagante Form des Kartoffelvergnügens. (Werden Mayonnaise und Ketchup nicht miteinander vermischt, spricht man von „Pommes Bahnschranke".)

Leider sind Pommes hierzulande als „Fastfood" in Verruf geraten. Dabei kann man Pommes Frites besonders zubereiten. Im belgischen Flandern zum Beispiel hat man eine ganz andere Einstellung zu den Pommes – hier haben sie Kultcharakter. Und die Pommes-Buden, in Flandern „Frietkot" genannt, sind – neben Atomium und Manneken Pis – eine der großen Attraktionen Brüssels. Am Place Jourdan im Europaviertel steht die „Maison Antoine", ein Pommes-Pavillon mit Marmortheke – und einer langen Schlange wartender Käufer davor. Hier, wo es die besten Fritten der Welt geben soll, stehen Schüler und Studenten, Blaumänner und Europaabgeordnete nach den einmalig guten frittierten Kartoffeln an.

Was ist so gut an den belgischen Fritten? Sie werden zweimal gebacken! Dazu verwenden die Frietkoten vorzugsweise Rinderfett. Für den ersten Frittierdurchgang wird das Fett auf höchstens 140° Celsius erhitzt, in dem die Kartoffelstreifen dann an die fünf Minuten garen, aber nicht bräunen. Wenn die Streifen an der Oberfläche brodeln, ist die Feuchtigkeit aus den Kartoffeln ausgebacken. Jetzt werden die Streifen aus dem Fett genommen und man lässt sie abtropfen und auskühlen. Erst dann beginnt der zweite Frittiervorgang, der drei bis vier Minuten bei 180° Celsius andauert. Nun sind die belgischen Pommes Frites knusprig genug, um den Konsumenten in der Warteschlange überreicht zu werden. Aber gottlob nicht mit „Rosa"! Jede belgische Frietkot hält mindestens zehn verschiedene Saucen parat, Currysaucen, Tartarsaucen, Pickles-Tunke, scharfe karibische Saucen und vieles andere mehr. ■

derum andere für Pellkartoffeln oder Kartoffelsalat. Es gibt Frühkartoffeln, mittelfrühe Sorten und Herbstkartoffeln, solche, die zum direkten Verzehr bestimmt sind und solche, die man gut einlagern kann. Und es gibt große Sortierungen, wenn man zum Beispiel Kartoffeln im Feuer rösten will, und es gibt kleine Sortierungen für all jene, die es besonders fein haben wollen.

Weit über 1000 Kartoffelsorten werden heute in Europa angeboten, davon über 200 alleine in Deutschland. In Großbritannien tragen sie so stolze Namen wie „Majestic" oder „King Edward", in Deutschland besann man sich bei der Namensgebung mehr auf die weibliche Muse: „Sieglinde", „Maritta", „Clivia" oder „Irmgard". Aber es gibt auch selbstbewusste Namen wie „Gloria" oder „Hansa". Über diese bekannten Speisekartoffelsorten hinaus werden noch so genannte Wirtschaftssorten produziert, die für die industrielle Weiterverarbeitung geeignet sind, beispielsweise für die Stärkegewinnung oder etwa für die Alkoholdestillation.

All diese vielen Details interessieren inzwischen den Verbraucher, will er doch die gekochten Knollen nicht mehr nur einfach lieblos auf den Teller legen. Es geht heute mehr und mehr um das Geschmackserlebnis. Mit anderen Worten: Der Verbraucher hat heute ganz andere Ansprüche an die Knolle als früher. Der Verbraucher will wissen, welche Kartoffel mit welchen Eigenschaften ihm da zum Verkauf angeboten wird. Sorte und Kocheigenschaft müssen dem-

entsprechend genau angegeben sein. In Mitteleuropa wird hellschalige Ware mit kräftig gel-
bem Fruchtfleisch bevorzugt. Die Knollen sollten am besten auch gewaschen sein.

All diese neuen Ansprüche beinhalten natürlich auch, dass die Kartoffeln keine oder möglichst wenig Mängel aufweisen – die Kartoffel ist
ja schließlich ein frisches, lebendiges Produkt,
das mit der Ernte nicht den Stoffwechsel ein-
stellt. Zu solchen Mängeln zählen Krankheits-
befall, Größenabweichungen, Beimischungen
fremder Sorten, Frost-, Hitze- oder Salzschä-
den, äußere und innere Beschädigungen, Grün-
fleckigkeit, Glasigkeit, Oberflächenschorf, be-
ginnendes Keimen oder unangenehmer Geruch, Außenfeuchtigkeit etc. Diese vielfältigen
Probleme müssen vom Erzeuger, vom Vertrieb
und vom Handel allesamt im Sinne des Ver-
brauchers gelöst werden, erst dann ist er bereit,
überhaupt Kartoffeln zu kaufen. Und er möchte natürlich unter einem größeren Sortenange-
bot auswählen können. Manch einer verlangt
sogar nach Kartoffeln, die man Einkellern kann,
denn auch diese Form der Lagerhaltung ist
noch nicht ganz ausgestorben.

Einkellerungskartoffeln

Früher wurden in fast jedem Haushalt Kartoffeln eingekellert. Die meisten Häuser, vor allem
die auf dem Land, besaßen noch für die Einlagerung geeignete Keller – vor allem ohne Zen-
tralheizung. Denn eine Heizung, selbst wenn sie
noch so gut isoliert ist, erwärmt den Keller für
die Kartoffellagerung viel zu sehr.

Zum Einlagern eignen sich nur unbeschädig-
te, einwandfreie und schalenfeste Kartoffeln,
also keine Frühkartoffeln, deren Schale sich dafür noch nicht fest genug ausbilden konnte.

Auch dürfen die Knollen nicht zu hoch aufge-
schüttet werden, damit eine ausreichende
Durchlüftung gewährleistet ist. Der Keller selbst
muss kühl, trocken, luftig und abgedunkelt sein.
Und in keinem Fall darf Frost auf die gelagerten
Kartoffeln einwirken. Infolge ihres Wasserge-
haltes sind Kartoffeln nämlich recht frostempf-
findlich und verderben, wenn sie einmal ange-
froren waren, sehr viel schneller. Darüber hinaus wandelt sich unter Frosteinwirkung die
Kartoffelstärke teilweise in Zucker um, so dass
die Knollen süßlich schmecken und von weniger angenehmer Konsistenz sind. Aber nicht
nur Frost, auch alle anderen Lagerprobleme,
einschließlich von Verletzungen, führen zu einer schnellen Verderblichkeit. Selbst der natür-
liche Stoffwechselvorgang, der bei bester Lagerung nicht voll unterbunden werden kann,
führt zu Substanzverlusten an der Kartoffel – sei
es durch Verdampfen oder durch biochemische
Umwandlungsprozesse.

Kartoffelverarbeitungserzeugnisse

In dem Maße, wie unsere Gesellschaft schnellle-
biger geworden ist, die Zeit immer knapper
wurde, Frauen zunehmend berufstätig sind, ist
auch der Bedarf an fertigen oder vorgefertigten
Nahrungsmitteln gestiegen. So hat sich das Angebot an Kartoffelverarbeitungserzeugnissen
enorm ausgeweitet. Wenn wir heute in einen
Supermarkt gehen und Kartoffeln als Verarbei-
tungserzeugnisse vielfältigster Art kaufen können, angefangen bei Kartoffelsuppen über Klöße, Knödel, Rösti, Pommes Frites bis hin zu
Chips und süßem Kartoffelgebäck, so dürfen
wir bei dieser erstaunlichen Sortimentsbreite
und -tiefe nicht vergessen, dass diese Methode
der Kartoffelhaltbarmachung keinesfalls eine

Erfindung des industriellen Zeitalters ist. Die Andenindianer waren uns da schon 2000 Jahre voraus.

Die Problematik der Weiterverarbeitung frischer Kartoffeln zu lange lagerfähigen Produkten war also von Anfang an eine Herausforderung, die den Ideenreichtum der Menschen anspornte. In Europa finden sich erste Ansätze in dieser Richtung allerdings erst in dem im Jahre 1785 erschienenen Buch von J. G. Kromitz *Oekonomisch-technologische Encyclopaedie*, in dem beschrieben wird, wie man gekochte Kartoffeln, geschält und in Scheiben geschnitten, in einem Herd dörrt, um sie dann im nächsten Frühling oder Sommer verzehren zu können. Des Weiteren berichtet Kromitz von einer Art „Ausschreibung". Die Königliche Gesellschaft der Wissenschaft zu Göttingen wollte eine Antwort auf die Frage: „Kann man ein gesundes und auf etliche Wochen haltbares Brod aus Tartüffeln backen?". Den ausgelobten Preis erhielt ein Professor Titus aus Wittenberg, der gewaschene Kartoffeln „würfelicht" schnitt, in Sieben über dem Ofen trocknete und „dürre" machte und die gedorrten Würfel anschließend in einer Mühle zu Mehl verarbeitete.

Zur industriellen Verarbeitung von Kartoffeln kam es aber erst im 19. Jahrhundert, dem Jahrhundert des beginnenden industriellen Aufschwungs mit grundsätzlichen strukturellen Veränderungen innerhalb der Bevölkerung. Die Menschen zogen vom Land in die Stadt, konnten sich hier nicht mehr aus ihren eigenen Ställen und kleinen Gärten ernähren, waren also immer mehr auf den Zukauf von Nahrungsmitteln angewiesen. Unter diesen Bedingungen wurden immer höhere Anforderungen an die Haltbarkeit von Lebensmitteln gestellt. Nachdem man bereits mit der Alkoholgewinnung

aus Kartoffeln begonnen hatte, war die Herstellung von Kartoffelstärke die nächste Station auf dem Weg zu den heutigen Kartoffelveredelungserzeugnissen. Gegen Ende des 19. Jahrhunderts nahm die Kartoffeltrocknung insbesondere zu Futterzwecken zwar zu, insgesamt gesehen blieb die Herstellung von Trockenkartoffeln in den damals entstandenen Präservenfabriken jedoch auf einem mengenmäßig relativ geringen Niveau. Im Ersten Weltkrieg nahm dann aufgrund des Beimischungszwanges von Kartoffelmehl zum Brot die Trocknungsindustrie einen außerordentlichen Aufschwung. Das mit Kartoffelmehl „angereicherte" Brot, für das angesichts der Kriegsbedingungen auch nicht mehr das beste Mehl verwendet werden konnte, sagte den Menschen geschmacklich zwar weniger zu, wurde aber angesichts der Mangellage dennoch gerne angenommen. Nach dem Krieg, als sich die Ernährungsversorgung verbesserte, verzichtete man wieder auf die Kartoffelmehlbeimischung. Insgesamt behielten die Verbraucher ein eher negatives Vorstellungsbild von Kartoffelverarbeitungserzeugnissen.

Nach dem Ersten Weltkrieg konnte man weitere Fortschritte, wie die Herstellung von Puddingmehl aus Kartoffelstärke oder von Trockenkartoffeln als gebrauchsfertige Beigaben zu Suppen, Konserven etc., auf dem Kartoffelverarbeitungssektor verzeichnen. Aber die Qualität dieser Erzeugnisse ließ noch zu wünschen übrig. Erst als im Jahre 1933 die deutsche Reichsregierung das Backhilfsmittelgewerbe veranlasste, entscheidende Anteile seines Rohstoffbedarfs in Form von Kartoffelweißmehl zu beziehen, bahnte sich eine neue Verwendung von Kartoffelerzeugnissen zu Ernährungszwecken an. Vor allem für die Truppenverpflegung wurden zunehmend auch Trockenspeisekartoffeln verwendet.

Nach dem Zweiten Weltkrieg setzte dann weltweit die rasante Entwicklung neuer und immer besserer Kartoffelverarbeitungserzeugnisse ein. Den Anfang machte das englische Kartoffel-Püreepulver unter der Bezeichnung „POM" *(potatoes in one minute,* Kartoffeln in einer Minute). Seit 1949 konnte sich in Deutschland Kloßmehl durchsetzen, dessen Entwicklung schon auf die letzten Kriegsjahre zurückging. 1961 wurden alleine in der Bundesrepublik Deutschland 150.000 Tonnen Kartoffeln zu Kloßmehl verarbeitet. Mit diesem Produkt wurde auch der Übergang vom anonymen Verarbeitungserzeugnis zum Markenartikel vollzogen. Bald folgten Chips, Kartoffelflockenpüree, Fertiggerichte, nass konservierte Rösti und vieles andere mehr. Mittlerweile kann man eigentlich alles kaufen, was man sich als Kartoffelverarbeitungserzeugnis auch nur vorstellen kann.

Die Kartoffelverarbeitungsindustrie hat sich mit diesen Produkten nicht nur neue Märkte und Absatzchancen erobert, sie hat damit vor allem auch die alte Lagerproblematik der Kartoffel auf eine gänzlich neue Berechnungsgrundlage gestellt. Denn – so nüchtern lautet die einfache Rechnung – eine Tonne Kartoffeln mit einem verwertbaren Trockensubstanzgehalt von 150 Kilogramm unter Zugrundelegung eines Feuchtigkeitsgehaltes von 80 Prozent, abzüglich 25 Prozent Schälverlust, erfordert einen Raumbedarf von etwa 1,5 m^3, der für die gleiche Menge an Trockensubstanz bei Püreeflocken nur etwa 0,75 m^3, bei Püreepulver und bei Kloßmehl gar nur 0,18 m^3 beträgt. Das Lagerproblem scheint also gelöst. Ob sich dadurch neue Geschmacksprobleme ergeben haben, mag jeder Konsument für sich selbst entscheiden.

Kartoffelsorten
– Die ganze Knollenvielfalt –

Jährlich werden auf der Erde 300 Millionen Tonnen Kartoffeln geerntet. Die größten Produktionsländer sind China mit einer Anbaufläche von über vier Millionen Hektar und Russland mit einer Anbaufläche von über drei Millionen Hektar, gefolgt von der Ukraine und Indien. Polen wies bis vor einigen Jahren noch eine Kartoffelanbaufläche von mehr als einer Million Hektar auf – hier wie in anderen Ländern des ehemaligen Ostblocks vollzieht sich noch der Übergang vom planwirtschaftlichen auf das marktwirtschaftliche System. Die auf wirtschaftliche Autarkie ausgerichteten Länder des Ostblocks hatten in der Kartoffel eine ideale Ackerfrucht gefunden, deren hohe Erträge sie von Grundnahrungsmitteleinfuhren unabhängiger machten. Da die Eigenversorgung beim Anbau dieser Ackerfrucht mit dem Ziel Devisen einzusparen im Vordergrund stand, war später dieser großflächige Kartoffelanbau unter den neuen marktwirtschaftlichen Konkurrenzbedingungen vielfach nicht mehr rentabel und musste zunehmend anderen Ackerkulturen weichen.

Auch in Ostdeutschland erforderte die Wende die Umstellung von der Planwirtschaft zur Marktwirtschaft. War die Kartoffelanbaufläche in den 80er-Jahren des vorigen Jahrhunderts in Westdeutschland auf unter 200.000 Hektar zurückgegangen, so stieg sie mit der Wiedervereinigung zunächst sprunghaft mit den Flächen der ehemaligen DDR auf über 500.000 Hektar an, sank jedoch bis heute wieder auf weit unter 300.000 Hektar. Wurden früher in Westdeutschland an die sieben Millionen Tonnen Kartoffeln jährlich geerntet, so sind es nach einem Anstieg auf über zwölf Millionen Tonnen jetzt nur noch knapp zehn Millionen Tonnen in Gesamtdeutschland.

Deutschland zählt sicherlich nicht zu den größten Kartoffelanbauländern der Welt – hier hat aber der Kartoffelanbau eine für europäische Verhältnisse deutlich spürbare und lange Tradition. Dies macht sich unter anderem in der großen Zahl von Kartoffelsorten bemerkbar, die heute in Deutschland angeboten wird. Dabei unterscheidet man in Wirtschaftssorten – etwa für die Stärke- und Alkoholgewinnung – und Speisesorten, die es in den Reifegruppen sehr früh, früh, mittelfrüh und mittelspät bis sehr spät gibt. Dieses saisonal unterschiedliche Angebot entspricht genau dem Erntezeitraum von Juni bis Oktober. Neben dem Geschmack sind die Kocheigenschaften ganz wesentlich für die richtige Auswahl von Kartoffeln – es gibt sie festkochend, vorwiegend festkochend und mehligkochend. Zu den festkochenden Sorten zählen beispielsweise „Hansa" und „Sieglinde", die besonders für Pell- und Bratkartoffeln geeignet sind. Vorwiegend festkochend sind „Clivia", „Grata" und „Hela", die man für Salzkartoffeln, aber auch für Pell- und Bratkartoffeln wie auch für Suppen verwenden kann. Mehligkochend sind die Sorten „Irmgard" und etwa „Datura", die man für Klöße, Kartoffelbrei, Kartoffelpuffer und Eintöpfe braucht.

Wenn im Mai die Spargelsaison bereits begonnen hat, kommen auch bald die ersten Frühkartoffeln aus heimischer Erzeugung auf den Markt. Diese Frühkartoffeln, die schon nach kurzer Vegetationszeit gerodet werden können, bauen die Landwirte – zum Teil unter Folie –

traditionell vor allem in Baden, in der Pfalz, am Niederrhein sowie im Raum Hannover an. Die ersten Frühkartoffeln („Sehr frühe Sorten") sind als besondere Delikatesse zum Schälen viel zu schade und sollten am besten nur kräftig unter Wasser abgebürstet werden. Sie sind nicht zur Lagerung geeignet, denn Wasserabgabe und Keimung lassen sie altern und führen zum Verlust der Qualität. „Frühe Sorten" dienen dem Anschlussangebot und können bis zum Herbst gelagert werden, einige auch länger. „Mittelfrühe Sorten" werden ab Ende August geerntet. Sie lösen die „Frühkartoffeln" am Markt ab und sind für die Einkellerung geeignet. „Mittelspäte" bis „Späte" Sorten werden in Deutschland als Speisekartoffeln kaum angeboten, sie dienen eher als Industriekartoffeln.

Die folgende Übersicht führt eine Auswahl unter den bekanntesten deutschen Kartoffelsorten auf. Sie lassen sich äußerlich am besten an der Form und am Fleisch unterscheiden.

Deutsche Kartoffelsorten

Sehr frühe Sorten

Sorte	CHRISTA	Sorte	GLORIA
Knollenform	langoval	Knollenform	langoval
Schalenfarbe, -beschaffenheit	gelb, glatt	Schalenfarbe, -beschaffenheit	gelb, glatt
Augentiefe	flach	Augentiefe	flach bis mittel
Fleischfarbe	gelb	Fleischfarbe	gelb
Geschmack	gut bis mittel	Geschmack	mittel
Kochtyp	vorwiegend festkochend	Kochtyp	vorwiegend festkochend bis festkochend
Eigenschaften	Kochdunkelung	Eigenschaften	Kochdunkelung

Ukama

Cilena

Gloria

Sehr frühe Sorten

Sorte	**UKAMA**
Knollenform	langoval
Schalenfarbe, -beschaffenheit	gelb, glatt
Augentiefe	flach bis mittel
Fleischfarbe	hellgelb
Geschmack	gut bis mittel
Kochtyp	vorwiegend festkochend
Eigenschaften	Kochdunkelung schwach

Frühe Sorten

Sorte	**CILENA**	Sorte	**SIEGLINDE**
Knollenform	lang	Knollenform	langoval
Schalenfarbe, -beschaffenheit	gelb, genetzt	Schalenfarbe, -beschaffenheit	gelb, glatt
Augentiefe	flach	Augentiefe	flach bis mittel
Fleischfarbe	dunkelgelb	Fleischfarbe	gelb
Geschmack	gut bis mittel	Geschmack	gut
Kochtyp	vorwiegend festkochend,	Kochtyp	festkochend, kann nach der Ernte mehlig werden
Eigenschaften	Kochdunkelung schwach	Eigenschaften	Kochdunkelung schwach bis mittel

Adretta

Agria

Mittelfrühe Sorten

Sorte	**ADRETTA**
Knollenform	rundoval
Schalenfarbe, -beschaffenheit	gelb, genetzt
Augentiefe	flach
Fleischfarbe	hellgelb bis gelb
Geschmack	gut
Kochtyp	mehligkochend, kann gleich nach der Ernte beim Kochen aufplatzen, etwas lagern
Eigenschaften	Kochdunkelung schwach bis mittel

Sorte	**AGRIA**
Knollenform	langoval
Schalenfarbe, -beschaffenheit	gelb, genetzt
Augentiefe	flach
Fleischfarbe	gelb
Geschmack	gut
Kochtyp	vorwiegend festkochend, kann aber auch mehlig sein
Eigenschaften	Kochdunkelung schwach, für Pommes Frites geeignet

Sorte	**GRANOLA**
Knollenform	rundoval
Schalenfarbe, -beschaffenheit	gelb, rau
Augentiefe	flach bis mittel
Fleischfarbe	gelb
Geschmack	gut bis mittel
Kochtyp	vorwiegend festkochend, manchmal gleich nach der Ernte etwas lockerer
Eigenschaften	Kochdunkelung schwach

Sorte	**HANSA**
Knollenform	langoval
Schalenfarbe, -beschaffenheit	gelb, glatt
Augentiefe	flach
Fleischfarbe	gelb
Geschmack	sehr gut bis gut
Kochtyp	festkochend, manchmal gleich nach der Ernte etwas lockerer
Eigenschaften	Kochdunkelung schwach

Granola

Hansa

Mittelfrühe Sorten

Sorte	**LINDA**
Knollenform	langoval
Schalenfarbe, -beschaffenheit	gelb, genetzt
Augentiefe	flach bis mittel
Fleischfarbe	dunkelgelb
Geschmack	sehr gut bis gut
Kochtyp	festkochend
Eigenschaften	Kochdunkelung schwach

Sorte	**NICOLA**
Knollenform	langoval
Schalenfarbe, -beschaffenheit	gelb, glatt
Augentiefe	flach
Fleischfarbe	gelb
Geschmack	gut
Kochtyp	festkochend, nicht zu kühl lagern
Eigenschaften	Kochdunkelung schwach

Sorte	**SECURA**
Knollenform	oval
Schalenfarbe, -beschaffenheit	gelb, glatt
Augentiefe	flach
Fleischfarbe	gelb
Geschmack	gut bis mittel
Kochtyp	vorwiegend festkochend
Eigenschaften	Kochdunkelung schwach

Sorte	**SOLARA**
Knollenform	oval
Schalenfarbe, -beschaffenheit	gelb, glatt
Augentiefe	flach bis mittel
Fleischfarbe	gelb
Geschmack	gut
Kochtyp	vorwiegend festkochend, nach der Ernte etwas mehlig, nicht zu kühl lagern
Eigenschaften	Kochdunkelung und Rohverfärbung sehr schwach bis schwach

Linda

Secura

Aula

Mittelspäte Sorten

Sorte	**AULA**
Knollenform	rundoval
Schalenfarbe, -beschaffenheit	gelb, genetzt
Augentiefe	flach bis mittel
Fleischfarbe	gelb bis dunkelgelb
Geschmack	gut bis mittel
Kochtyp	mehligkochend
Eigenschaften	zur Einkellerung geeignet

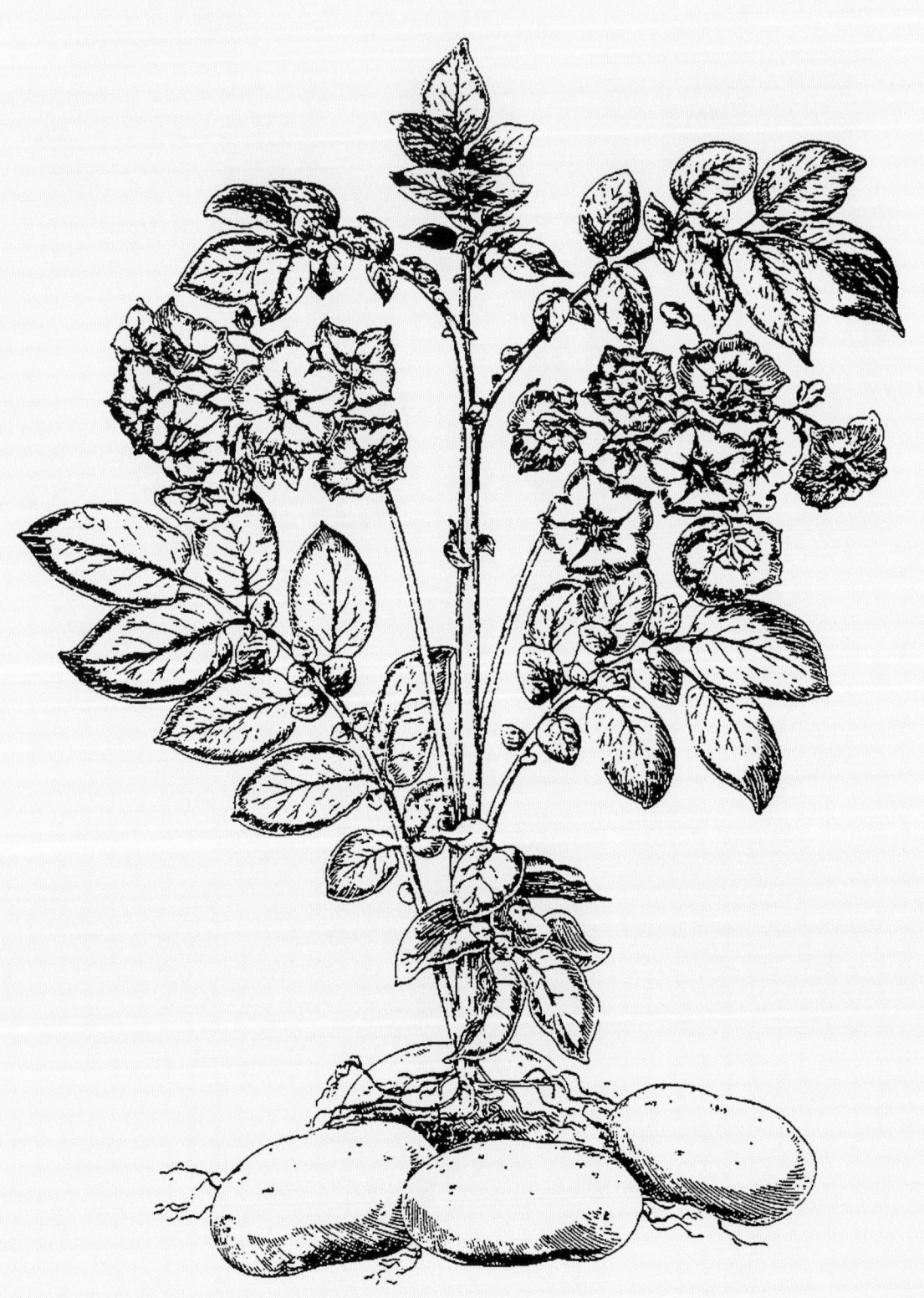

Kartoffel-
rezepte

Beilagen

Thüringer Klöße

Zutaten (für 4 Portionen)
2 kg Kartoffeln
3 Brötchen
Butterschmalz
Salz

Zubereitung

Drei Viertel der Kartoffeln schälen und direkt in eine Schüssel mit kaltem Wasser reiben, damit der Kartoffelteig schön weiß bleibt. Anschließend die Kartoffeln in ein Leinentuch geben und sehr gut auspressen.

Das vierte Viertel der Kartoffeln schälen, würfeln, garen, zu einem Kartoffelbrei verrühren und sofort unter die rohe Kartoffelmasse geben und etwas salzen.

Brötchen würfeln und in heißem Butterschmalz goldbraun rösten.

Aus dem Kartoffelteig Klöße formen und jeden Kloß mit Brötchenwürfeln füllen.

In einem weiten Topf Salzwasser aufkochen und die Klöße darin portionsweise ca. 20 Minuten gar ziehen lassen.

Die Klöße mit einer Schaumkelle herausheben und in eine Schüssel legen, in der auf dem Boden eine umgedrehte Untertasse liegt, damit die Klöße noch abtropfen können und dabei nicht zusammen kleben.

Zubereitungszeit: 90 Minuten

Anmerkung: Thüringer Klöße sind eine wunderbare Beilage zu einem Rinderschmorbraten mit Gemüse.

Kartoffelpuffer mit Spargelsalat

Zutaten

500 g mehligkochende Kartoffeln
2 Eigelb
Salz, gemahlenen Pfeffer,
Muskatnuss gerieben
2 EL Butterschmalz

Zubereitung

Die Kartoffeln schälen, waschen und mit einer Küchenreibe zu Stiften raspeln.

Die vom Eiweiß getrennten Eigelbe mit Salz, Pfeffer und Muskat verfeinern.

Die Kartoffelstifte mit dem Eigelb vermengen und anschließend aus dem Brei 12 flache Küchlein formen.

In einer Pfanne Butterschmalz erhitzen und die Puffer darin goldgelb anbraten

Zutaten für den Spargelsalat:

500 g weißer Spargel
1 Prise Salz, Zucker, gemahlenen Pfeffer
2 Spritzer Zitronensaft
2 EL Weinessig
etwas Dill und Lauch

Zubereitung:

Den Spargel waschen, schälen und die holzigen Enden abschneiden. In einen breiten Topf so viel Wasser füllen, dass alle Spargelstangen bedeckt sind. Jetzt ein wenig Salz, eine Prise Zucker sowie einen Spritzer Zitronensaft hinzufügen, das Wasser zum Kochen bringen und den Spargel darin 15 Minuten gar ziehen lassen.

Für die Salatsoße den Senf mit dem Weinessig und einem Spritzer Zitronensaft vermischen.

Jetzt zwei Esslöffel vom Spargelwasser entnehmen und der Soße beimischen. Das Ganze mit Salz und Pfeffer würzen. Den Spargel aus dem Topf nehmen, in mundgerechte Stücke schneiden und mit der Salatsoße vermischen.

Den fein gehackten Dill und den in feine Ringe geschnittenen Lauch zur Dekoration drüber streuen und auf die Teller mit den Kartoffelpuffern geben.

Westfälischer Schinken auf Kartoffelpuffer mit Petersiliensauerrahm

Zutaten (für 4 Personen)

600 g mehligkochende Kartoffeln
250 g Westfälischer Schinken
1 Zwiebel
1 Ei
Salz, frisch gemahlener Pfeffer,
geriebene Muskatnuss
40 g Butterschmalz
200 g Sauerrahm
einige Stängel Blattpetersilie

Zubereitung

Kartoffeln schälen, in eine Schüssel reiben, auf ein Sieb geben und die Flüssigkeit in einer Schüssel auffangen. Die Flüssigkeit kurz stehen lassen, damit sich die Stärke absetzt, dann Flüssigkeit abgießen.

Zwiebel schälen und reiben. Petersilie waschen, trocknen und zwei Drittel davon hacken. Schinken in feine Streifen schneiden.

Die geriebenen Kartoffeln, die Zwiebel und das Ei zu der Stärke in die Schüssel geben, alles unterrühren und mit Pfeffer, Salz und Muskat abschmecken.

Butterschmalz in einer Pfanne erhitzen und 4 gleichgroße Kartoffelpuffer kross und goldbraun ausbacken, dabei mehrmals wenden.

Den Sauerrahm mit der gehackten Petersilie mischen und mit Pfeffer und Salz abschmecken. Die Kartoffelpuffer auf vorgewärmten Tellern anrichten, Petersiliensauerrahm darauf geben und die Schinkenstreifen darauf verteilen. Mit Petersiliensträußchen garnieren.

Zubereitungszeit: 25 Minuten

Kartoffelpuffer

Zutaten (für 4 Portionen)

4 mehlige Kartoffeln
200 g herzhaften Reibekäse (wie z. B. Comté
oder Emmentaler)
1 Zwiebel, gewürfelt
50 g geraucher Speck, gewürfelt
20 g gehackte Petersilie
frische Blattsalate
Kräuter
Olivenöl
weißer Balsamessig
Salz, Pfeffer, Zucker
1 Bund Bärlauch

Zubereitung

Die Zwiebel- und Speckwürfel in etwas Butter
glasig andünsten, danach auskühlen lassen. Die
Petersilie und den geriebenen Käse dazugeben.
Kartoffeln schälen, raspeln und mit einem Tuch
ausdrücken.

Die Käse-Masse mit den geriebenen Kartoffeln
vermengen, in kleine Portionen teilen und gleich
in mäßig heißem Olivenöl langsam ausbacken.

Den entstielten Bärlauch mit Olivenöl, nur ein
wenig Balsamessig, Salz, Pfeffer und Zucker in
den Mixer geben und zu einer feinen Vinaigret-
te pürieren.

Die Salate und Kräuter mit der Bärlauch-Vinai-
grette marinieren und zusammen mit den Käse-
Kartoffelpuffern auf einem Teller anrichten.

Zubereitungszeit 30 Minuten

Kartoffelsalat

Zutaten (für 4 Personen)

600 g festkochende Kartoffeln
150 g Schnittkäse (z. B. Holländer, Emmentaler
oder Comté)
Weinessig
Senf, Pfeffer, Öl
2 Schalotten
½ Knoblauchzehe
Petersilie

Zubereitung

Die Kartoffeln 25 bis 30 Minuten gar kochen.
In der Zwischenzeit die Salatsauce zubereiten,
die Schalotten, den Knoblauch und die Petersilie klein schneiden und zur Salatsauce geben.
Die noch heißen Kartoffeln schälen, in Scheiben
schneiden und direkt in die Salatschüssel geben.
Die Salatsauce unterheben und etwas abkühlen
lassen.

Den Käse würfeln und auf dem Kartoffelsalat
verteilen und mit Petersilie garniert servieren.
Dazu passt ein frisches Bier.

Zubereitungszeit: 40 Minuten

Kartoffelrisotto

Zutaten (für 4 Personen)

500 g Frühkartoffeln

30 g Butter

3 Schalotten

1 Lorbeerblatt

50 ml trockener Weißwein

300 ml Geflügelbrühe

50 g Allgäuer Bergkäse

1-2 EL geschlagene Sahne

2 EL Blattpetersilie, Liebstöckel zum Garnieren

Salz, gemahlener Pfeffer, Muskat

Zubereitung

Schalotten schälen und fein hacken, Kartoffeln in kleine Würfel schneiden, Blattpetersilie fein schneiden.

Butter in einem Topf zerlassen und die Schalottenwürfel darin anschwitzen. Die Kartoffelwürfel zugeben, mit anschwitzen und mit dem Weißwein ablöschen. Mit Salz, Pfeffer und Muskat würzen, das Lorbeerblatt zugeben.

Nach und nach während der folgenden 15-25 Minuten den heißen Geflügelfond unter gelegentlichem Rühren zugießen.

Direkt vor dem Servieren den geriebenen Käse, die geschlagene Sahne und die Petersilie locker unterheben.

Das Kartoffelrisotto auf Tellern anrichten und mit Liebstöckel garnieren.

Zubereitungszeit: 50 Minuten

Anmerkung: Zum Kartoffelrisotto passen hervorragend Bratklopse.

Gefüllte Kartoffel

Zutaten (für 2 Personen)

4 große Kartoffeln

1 Knoblauchzehe

½ rote Paprikaschote

50 g Maiskörner (Dose)

20 g Butter

50 ml Milch

2 Frühlingszwiebeln

1 EL scharfer Senf

Salz, Pfeffer

75 g herzhafter Reibekäse (z. B. Comté oder Emmentaler)

Petersilie

Zubereitung

Die Kartoffeln ca. 40 Minuten kochen und abkühlen lassen.

Knoblauch schälen und klein würfeln. Die Paprikaschote putzen und ebenfalls klein würfeln, den Mais abtropfen lassen.

Butter erhitzen und das Gemüse darin andünsten. Milch zufügen. Die Frühlingszwiebeln waschen, putzen und in kleine Ringe schneiden. Zusammen mit dem Reibekäse und dem Senf in das gedünstete Gemüse einrühren.

Das obere Drittel der Kartoffeln abschneiden und den unteren Teil aushöhlen. Die Kartoffelreste zerdrücken, zur Gemüse-Käse-Masse geben und mit Salz und Pfeffer würzen.

Die Masse in die ausgehöhlten Kartoffeln füllen und im vorgeheizten Ofen bei 200° C (Gas: Stufe 3) etwa 10 Minuten backen.

Die gefüllten Kartoffeln mit klein gehackter Petersilie garniert servieren

Zubereitungszeit: 60 Minuten

Kartoffel-Birnen-Rösti

Zutaten (für 4 Personen)

4 mehlige Kartoffeln

4 reife, vollaromatische Birnen

80 g Butter

¼ l Rotwein

⅛ l Apfelsaft

60 g Zucker

40 g Pflanzenöl

Salz, Pfeffer

4 Scheiben Käse (z. B. Comté oder Emmentaler)

Zubereitung

Kartoffeln und die Hälfte der Birnen schälen, mit einer feinen Reibe raspeln und trocken tupfen. Später die zweite Hälfte der Birnen in Scheiben schneiden, so dass sie nicht anfärben. In einer beschichteten Pfanne 24 dünne, knusprige Rösti backen – zuerst in Öl und später in Butter nachbraten. Danach die Rösti auf Küchenkrepp legen.

Den Zucker karamellisieren lassen und mit Rotwein und Apfelsaft ablöschen. Wenn die Flüssigkeit bis zu einem Drittel eingekocht ist, die in Scheiben geschnittenen Birnen hinzugeben und nochmals kurz aufkochen, danach auskühlen lassen, bis dieser leicht sirupartig wird.

Etwas kalte Butterflocken unterrühren, um eine Bindung zu erhalten.

Rösti mit mit den Käsescheiben anrichten und für ca. 3-5 Minuten in den vorgeheizten Ofen bei 180 Grad schieben – der Käse soll nur leicht schmelzen.

Röst auf Teller anrichten und garniert servieren.

Zubereitungszeit 45 Minuten

Suppen und Eintöpfe

Bunte Kartoffelsuppe

Zutaten (für 4 Personen)

400 g Kartoffeln
2 Zwiebeln
30 g Schweineschmalz
1 l Brühe
½ Sellerieknolle
1 Stange Lauch
2 Möhren
2 Tomaten
1 Petersilienwurzel
100 g durchwachsener Speck
1 EL gehackte Petersilie

Zubereitung

Kartoffeln schälen und würfeln.

Zwiebeln fein hacken, in Schweineschmalz glasig dünsten und mit Brühe auffüllen.

Gemüse putzen, klein schneiden, mit den Kartoffeln in die Brühe geben und ca. ½ – 3/4 Stunde garen.

Durchwachsenen Speck klein schneiden, kross braten und mit der Petersilie über die Suppe streuen.

Zubereitungszeit: 45 Minuten

Kartoffel-Kefir-Suppe

Zutaten (für 4 Personen)

400 g festkochende Kartoffeln
2 Schalotten
1 Knoblauchzehe
600 ml Fleischbrühe
4 Eigelb
200 ml Kefir
1 rote und 1 gelbe Paprikaschote
1 Bund Frühlingszwiebeln
1 kleine Salatgurke
Salz, gemahlener Pfeffer
1 Baguette

Zubereitung

Kartoffeln schälen, Schalotten schälen und in Ringe schneiden, Knoblauchzehe schälen und halbieren, Salatgurke schälen, entkernen und würfeln. Paprikaschoten waschen, vierteln, von Stielansatz und Kernen befreien und quer in kurze feine Streifen schneiden.

Schalotten und Knoblauch in Rapsöl glasig anschwitzen, die Kartoffeln zugeben und mit der Brühe auffüllen. Salzen und Pfeffern und die Kartoffeln weich kochen.

Die Kartoffeln aus der Brühe nehmen, durch eine flotte Lotte passieren, mit dem Kefir und den Eigelb verrühren, mit Muskat würzen, alles in die Brühe zurückgeben und vorsichtig wieder erwärmen ohne aufzukochen.

Rapsöl in einer Pfanne erhitzen, Frühlingszwiebeln, Paprikaschoten und Gurke darin schnell und heiß anbraten, salzen und pfeffern.

Zum Anrichten die Kartoffel-Kefir-Suppe mit dem Schneebesen glatt rühren, in vier tiefe Teller verteilen und mit der Gemüsemischung bestreuen. Evtl. krosse Baguettescheiben dazu reichen.

Zubereitungszeit: 45 Minuten

Updrögt Bohneneintopf

Zutaten (für 4 Personen)

500 g Kartoffeln
500 g grüne Bohnen
½ l Brühe
750 g getrockneten durchwachsenen Speck
2 Mettwürstchen
1 Zwiebel
Salz, gemahlenen Pfeffer

Zubereitung

Zur Vorbereitung weichschalige, möglichst fadenfreie grüne Bohnen auf einen dünnen Faden ziehen. An einem geeigneten, trockenen Ort aufhängen. Wenn die Bohnen getrocknet sind, in Stoffbeuteln aufbewahren.

Zur Zubereitung des Eintopfes die getrockneten Bohnen gut waschen, in Stücke brechen und über Nacht gut einweichen. Das Einweichwasser abgießen, die Bohnen mit kaltem Wasser ansetzen und ca. ½ Stunde auf mittlerer Flamme vorsichtig kochen. Danach das Wasser abgießen.

Die Bohnen mit dem in Streifen geschnittenen Speck und der klein gehackten Zwiebel in der Brühe ca. 1½ Stunden köcheln lassen. Mit Salz und Pfeffer abschmecken.

In der Zwischenzeit Kartoffeln schälen und in feine Würfel schneiden. Die Kartoffelwürfel und die Mettwurst die letzten 30 Minuten mitgaren.

Zubereitungszeit: 120 Minuten

Anmerkung: Für dieses typisch friesische Gericht hat man früher Bohnen auf die beschriebene Weise getrocknet, um einen Gemüsevorrat für den Winter zu haben. Auch Speck wurde für den Wintervorrat getrocknet.

Kartoffelsuppe mit Äpfeln und Steinpilzen

Zutaten (für 4 Personen)

400 g mehligkochende Kartoffeln

50 g Zwiebeln

50 g Möhren

50 g Sellerie

3 Wacholderbeeren

1 l Brühe

2 Lorbeerblätter

1 Scheibe Bauchspeck vom Metzger in Streifen geschnitten

200 g Steinpilze

2 Äpfel

Öl zum Braten

Salz, gemahlener Pfeffer, etwas Majoran

1 Baguette

Zubereitung

Zur Vorbereitung Kartoffeln schälen und in Würfel schneiden, Zwiebeln fein würfeln, Möhren und Sellerie in Würfel schneiden, Wacholderbeeren klein stoßen, Steinpilze putzen und in Scheiben schneiden, Äpfel schälen, entkernen und in Spalten schneiden.

Das Öl in einem Topf erhitzen, Kartoffeln, Zwiebeln, Möhren, Sellerie und Wacholder darin anschwitzen. Mit der Brühe aufgießen und die Lorbeerblätter zufügen, salzen und pfeffern. Die Suppe etwa eine halbe Stunde köcheln lassen, bis das Gemüse weich ist.

Lorbeer aus der Suppe nehmen und die Suppe durch eine flotte Lotte treiben.

Die Steinpilze mit etwas Öl in einer Pfanne goldbraun braten, die Äpfel dazugeben, salzen und pfeffern und mit etwas Obstessig abschmecken. In der Zwischenzeit die dünnen Speckscheiben auf ein Backblech mit Backpapier legen und im vorgeheizten Ofen bei 180 Grad etwa 5-6 Minuten kross werden lassen.

Die Suppe auf Tellern anrichten, die Pilze und die Äpfel gleichmäßig verteilen, mit dem Majoran bestreuen und mit den krossen Speckscheiben dekorieren. Evtl. krosse Baguettescheiben dazu reichen.

Zubereitungszeit: 45 Minuten

Anmerkung: Bei Verwendung getrockneter Steinpilze diese einige Wochen vorher zusammen mit Knoblauch, Thymian und Rosmarin in kalt gepresstem Rapsöl ziehen lassen. Man erhält auf diese Weise ein wunderbares Steinpilzöl, das man auch über die Suppe träufeln kann.

Bunter Rindfleischeintopf

Zutaten (für 4 Personen)

250 g Kartoffeln

1 kg Rindfleisch aus der Keule

3 EL Butterschmalz

2 gehäufte TL Mehl

2 TL Tomatenmark

6 große Zwiebeln

2 Knoblauchzehen

¼ l Rotwein

¼ l Fleischbrühe

2 Lorbeerblätter, 6 Nelken

1 kleines Bund Möhren

1 grüne Paprikaschote

5 Tomaten

Salz, gemahlener Pfeffer,

1 Tl edelsüßer Paprika

Zubereitung

Rindfleisch in etwa 4 cm große Würfel schneiden und in heißem Butterschmalz ca. 10 Minuten anbraten. Salzen, pfeffern, mit Paprikapulver und Mehl überstäuben. Tomatenmark unterrühren.

Zwiebeln und Knoblauch schälen. Zwiebeln hacken, Knoblauch zerdrücken und beides zum Fleisch geben. 5 Minuten mit schmoren lassen, mit Rotwein und Fleischbrühe ablöschen.

Lorbeerblätter und Nelken hinzufügen und 25 Minuten bei geringer Hitze garen.

Inzwischen Möhren, Kartoffeln und Paprikaschote putzen und klein schneiden, zum Fleisch geben und zugedeckt weitere 10 Minuten schmoren lassen.

Tomaten überbrühen, abziehen , vierteln, dazugeben und weitere 5-10 Minuten garen.

Zubereitungszeit: 70 Minuten

Rindfleisch-Gemüse-Eintopf

Zutaten (für 4 Personen)

500 g Kartoffeln
200 g Kohlrabi
200 g Sellerie
500 g Rindfleisch von der hohen Rippe
1 Zwiebel
1 Lorbeerblatt, 3 Wacholderbeeren
1 kleiner Blumenkohl
2 Tomaten
1 Bund Petersilie, Basilikum und Schnittlauch
Salz, gemahlener Pfeffer

Zubereitung

Fleisch in 1,5 l leicht gesalzenem Wasser mit Lorbeerblatt, Wacholderbeeren und geschälter Zwiebel ca. 70 Minuten kochen.

In der Zwischenzeit Kohlrabi, Sellerie und Kartoffeln schälen, in Würfel oder Streifen schneiden. Blumenkohl in Röschen teilen, waschen.

Nach Ende der Kochzeit das Fleisch herausnehmen und die Brühe durch ein Sieb geben.

Das vorbereitete Gemüse in der Brühe ca. 12 Minuten garen.

Tomaten mit kochendem Wasser übergießen, die Haut abziehen und achteln. Das Fleisch in Würfel schneiden.

Die Tomatenachtel und die Fleischwürfel in die Gemüsebrühe geben. Abschließend die Suppe noch einmal aufkochen lassen.

Zum Anrichten die Suppe mit den gehackten Kräutern bestreuen und mit Salz und Pfeffer abschmecken.

Zubereitungszeit: 90 Minuten

Kartoffelsuppe mit geräucherter Putenbrust

Zutaten (für 4 Portionen)

750 g mehligkochende Kartoffeln

250 g geräucherte Putenbrust

1 l Hühnerbrühe

3 Möhren

½ Bund glatte Petersilie,

½ Bund Schnittlauch

½ Salatgurke

200 g Crème fraîche

Salz, gemahlener Pfeffer

Zubereitung

Die Kartoffeln schälen und in Stücke schneiden und in der Brühe 20 Minuten kochen. Danach die Kartoffeln in der Brühe grob zerdrücken. Die Möhren schaben, waschen und in schmale Stifte schneiden, in kochendem Salzwasser blanchieren, abgießen, abschrecken und gut abtropfen lassen.

Die Petersilie fein wiegen, die Putenbrust in Würfel schneiden und zusammen mit der Petersilie in die Suppe geben. Mit Salz und Pfeffer abschmecken.

Die Salatgurke schälen, längs halbieren und mit einem Teelöffel die Kerne herausschaben. Die Gurkenhälften noch einmal der Länge nach halbieren, in Scheiben schneiden und zusammen mit den Karottenstiften und der Crème fraîche unter die Suppe rühren.

Jetzt die Suppe abschmecken und erwärmen.

Die Kartoffelsuppe mit Schnittlauchröllchen bestreut servieren.

Zubereitungszeit: 45 Minuten

Zwischenmahlzeiten

Tilsiter Rösti mit Geflügelsalat

Zutaten (für 4 Portionen)

500 g festkochende Kartoffeln

100 g Tilsiter

2 Eier

Salz, Pfeffer aus der Mühle, geriebenen Muskat

1 EL Butterschmalz

500 g gekochtes Hähnchenfleisch

250 g Holsteiner Weichkäse

2 EL Rosinen

6 Blätter Romanasalat

4 EL Crème fraîche oder Sauerrahm

Zubereitung

Die Kartoffeln schälen und fein reiben, den Tilsiter ebenfalls fein reiben, mit den Eiern zu einer Masse vermischen und mit Salz, Pfeffer und Muskat abschmecken und zu kleinen Puffern formen.

In einer flachen Pfanne in heißem Butterschmalz die kleinen Puffer braten, danach auf Küchenpapier gut abtropfen lassen.

Für den Geflügelsalat die Rosinen einweichen und abtropfen lassen. Die Salatblätter klein rupfen.

Das Hähnchenfleisch klein schneiden, den Käse in kleine Eckchen teilen. Beides zusammen mit den Rosinen und den restlichen Zutaten mischen, mit Salz und Pfeffer abschmecken.

Rösti und Geflügelsalat auf Tellern anrichten und servieren.

Zubereitungszeit: 45 Minuten

Anmerkung: Bei Weißschimmelkäse wie dem Holsteiner Weichkäse kann man die Rinde mitessen.

Krabben-Kartoffel-Salat

Zutaten (für 4 Personen)

400 g kleine Kartoffeln

2 Stangen Bleichsellerie

1 säuerlicher Apfel, z. B. Granny Smith

1 kleine rote Zwiebel

200 g gepulte Nordseekrabben

125 g Schnittkäse (am besten Mai-Gouda)

1 hartgekochtes Ei

2-3 EL Weißweinessig

150 g Crème fraîche

Salz, weißer Pfeffer aus der Mühle,

1 Prise Zucker

1 EL gehackte Haselnusskerne

138

Zubereitung

Die Kartoffeln waschen, kochen, abgießen und pellen. Wenn sie abgekühlt sind, in dünne Scheiben schneiden.

Den Sellerie waschen, evtl. abziehen und quer in dünne Scheiben schneiden. Den Apfel schälen, vierteln, entkernen und würfeln. Die Zwiebel schälen und sehr fein würfeln.

Die Krabben unter kaltem Wasser abbrausen, abtropfen lassen und mit Küchenkrepp trocken tupfen.

Den Käse fein würfeln.

Alle Salatzutaten miteinander vermischen.

Das Ei schälen und halbieren, dann das Eigelb herauslösen, mit einer Gabel zerdrücken, dabei mit Essig verrühren. Mit Crème fraîche vermischen, mit Salz, Pfeffer und Zucker abschmecken und unter den Salat heben.

Das Eiweiß fein würfeln und unmittelbar vor dem Servieren mit den Haselnusskernen über den Salat streuen.

Zubereitungszeit: 45 Minuten

Anmerkung: Wenn der Bleichsellerie Blattgrün hat, dieses abschneiden, waschen, trocken tupfen, grob hacken und auch über den Salat geben.

Schnelle Kartoffelpfanne

Zutaten (für 2 Personen)

250 g festkochende Kartoffeln
1 EL Butter
Salz, gemahlenen Pfeffer, Zwiebelpulver
2 EL Schnittlauch
100 g würzige Käse (z. B. Limburger, Romadur, Camembert oder Weißlacker-Käse)

Zubereitung

Kartoffeln gründlich waschen, gut abtrocknen und mit der Schale in dünne Scheiben schneiden.

Butter in einer Pfanne erhitzen, Kartoffeln hineingeben, würzen und unter mehrfachem Wenden 15 Minuten braten.

Kurz vor dem Servieren einen Teil des Käses zerbröckeln, über die Pfanne streuseln und auf den Kartoffeln schmelzen lassen.

Die Kartoffelscheiben mit Schnittlauch bestreuen und zusammen mit dem übrigen, in Ecken geschnittenen würzigen Käse aus der Pfanne servieren.

Zubereitungszeit: 25 Minuten

Walnuss-Kartoffel-Röllchen

Zutaten (für 4 Portionen)

1 kg mehligkochende Kartoffeln
5 Eier
200 g Mehl
400 g Zwiebeln
100 g Walnüsse
3 Petersilienzweige, 2 Majoranzweige
60 g Butterschmalz
¼ l Sahne
2 EL Schmand
Salz, Pfeffer aus der Mühle

Zubereitung

Die Kartoffeln waschen, bürsten und auf einem Backblech bei 180-200 Grad im Ofen ca. 1 Stunde backen.

Die Kartoffeln aus dem Ofen nehmen, halbieren und mit einem Löffel aushöhlen.

Das Kartoffelinnere durch eine Kartoffelpresse drücken und erkalten lassen.

In die kalte Kartoffelmasse zwei Eier, einen Teelöffel Salz und Mehl geben. Die Mischung mit den Händen zu einem glatten Teig verkneten und ca. 15 Minuten ruhen lassen.

Für die Füllung Zwiebeln schälen und fein hacken. Die Kräuter waschen, trocken tupfen, Blättchen abzupfen und fein hacken. 20 g Butterschmalz in der Pfanne erhitzen, die Zwiebeln und die gehackten Kräuter 5 Minuten bei geringer Hitze anschwitzen. Mit Salz und Pfeffer würzen und danach abkühlen lassen.

Den Teig auf einer bemehlten Arbeitsfläche zu einer 5 mm dicken, ca. 80 x 30 cm großen Platte ausrollen. Die abgekühlte Zwiebel-Kräuter-Masse mit einem Messer auf der ausgerollten Teigplatte verstreichen. Walnüsse klein hacken und darüber streuen. Die Teigplatte vorsichtig aufrollen und in 1-2 cm dicke Röllchen schneiden.

Die Kartoffelröllchen in einer heißen Pfanne mit 40 g Butterschmalz vorsichtig auf jeder Seite ca. 2 Minuten braten.

Die Sahne mit den drei restlichen Eiern und dem Schmand verquirlen, mit Salz und Pfeffer würzen.

Die Kartoffelröllchen in Förmchen geben und den Sahnemasse um die Teigröllchen gießen. Die Förmchen in den Ofen geben und bei 180 Grad Hitze 15 Minuten backen.

Zum Anrichten die Kartoffelröllchen mit frischen Kräutern garnieren und mit halben Walnüssen dekorieren.

Zubereitungszeit: 90 Minuten

Backkartoffeln mit grüner Sauce

Zutaten (für 4 Person)

neue Kartoffeln (pro Person ca. 3 Stück)
Kümmel oder Rosmarin
Butterflöckchen

Für die Sauce:

4 frische Eier, hart gekocht
100 ml kaltgepresstes Rapsöl
150 g Joghurt
½ EL Senf
150 g saure Sahne
je 1 geh. EL Petersilie, Kerbel, Schnittlauch,
Sauerampfer, Dill, Kresse, Pimpernell,
Borretsch, Estragon und Liebstöckel
1 TL Salz
½ TL Pfeffer, frisch gemahlen
1 Prise Muskat

Zubereitung

Die Kartoffeln bürsten, halbieren und auf ein gefettetes Backblech setzen. Mit Kümmel oder Rosmarin bestreuen, jede Kartoffelhälfte mit einem Butterflöckchen besetzen und ca. 40 Minuten bei mittlerer Hitze backen.

Inzwischen die Eier halbieren, die Eigelbe herausnehmen, in einer Schüssel zerdrücken und mit dem Rapsöl zu einer glatten Masse verrühren. Joghurt, Senf, Sahne und die fein gehackten Kräuter untermischen, mit Salz, Pfeffer und Muskat abschmecken. Eiweiß fein hacken und unter die Sauce ziehen.

Die Sauce separat zu den Kartoffeln servieren.

Zubereitungszeit: 55 Minuten

Anmerkung: Dazu passt gekochtes Rindfleisch oder hart gekochte Eier.

Sauerkraut-Kartoffelrösti

Zutaten (für 4 Portionen)

250 g festkochende Kartoffeln

40 g Räucherlachs

4 Garnelen

80 g Sauerkraut

4 EL Schmand

1 mittelgroße Zwiebel

je ½ EL gehackte Petersilie und Dill

2 EL Kartoffelstärke

1 TL Meerrettich, ½ EL Butterschmalz

4 blaue Trauben

Salz, gemahlener Pfeffer, Muskat

Zubereitung

Zur Vorbereitung Sauerkraut kalt abspülen, abtropfen lassen, grob hacken, die Zwiebel fein würfen, Petersilie und Dill fein hacken.

Den Darm der Garnelen entfernen, die Garnelen unter Wasser säubern, trocknen und kurz anbraten.

Kartoffeln schälen, grob raffeln und mit Sauerkraut, Zwiebeln und Stärke gut vermengen. Mit Muskat, Salz und Pfeffer würzen.

Schmand mit Dill, Petersilie und Meerrettich vermengen, mit Salz und Pfeffer würzen.

Eine beschichtete Pfanne mit etwas Butterschmalz erhitzen, die Kartoffelmasse löffelweise in Form kleiner Röstis in die Pfanne geben und beidseitig goldgelb ausbacken.

Die Rösti mit Dillschmand bestreichen und mit Kräuterlachs belegen.

Zum Anrichten die Garnelen mit einer Traube auf Zahnstocher aufspießen. Die Rösti mit Räucherlachs auf flache Teller legen, die Garnelenspieße darauf stecken und mit Dillsträußchen garnieren. Restlichen Schmand dazu geben.

Zubereitungszeit: 60 Minuten

Hauptgerichte

Schweinekotelett mit Rosenkohl-Kartoffel-Püree

Zutaten (für 4 Personen)

800 g mehligkochende Kartoffeln

4 Schweinekoteletts

3 EL Öl

500 g Rosenkohl

1 Zwiebel

Salz, gemahlener Pfeffer, Muskat

Zubereitung

Schweinekoteletts mit Öl und Pfeffer einreiben und einige Stunden im Kühlschrank marinieren. Zwiebel schälen, würfeln und in 1 EL Öl dünsten.

Kartoffeln schälen und würfeln, den Rosenkohl waschen, putzen und halbieren. Einige Rosen zur Tellerdekoration ganz lassen, am Strunk mit dem Messer leicht einkreuzen.

Den Rosenkohl in Salzwasser zugedeckt etwa 15 Minuten weich kochen.

Das Kochwasser abgießen, den Rosenkohl für die Tellerdekoration entnehmen, den übrigen Rosenkohl mit den gedünsteten Zwiebelwürfeln pürieren. Die Sahne unterrühren, mit Salz, Pfeffer und Muskat abschmecken.

Die Schweinekoteletts von jeder Seite etwa 5 Minuten braun braten, herausnehmen und salzen.

Die Teller mit dem Rosenkohl-Kartoffelpüree und den ganz gebliebenen Rosen anrichten.

Zubereitungszeit: 35 Minuten

Kartoffelauflauf

Zutaten (für 4 Personen)

750 g festkochende Kartoffeln

500 g Möhren

4 Birnen

50 g gehackte Walnüsse

150 g pikanter Schnittkäse (z. B. Emmentaler oder Pikantje)

200 g Sahnejoghurt

50 g gemahlene Walnüsse

3 Eier

1 TL Currypulver

Fett für die Form

Zubereitung:

Die Kartoffeln waschen und in kochendem Wasser ca. 20 Minuten garen.

Die Möhren schälen, in Scheiben schneiden und in Salzwasser ca. 10 Minuten garen.

Die Birnen waschen, vierteln, Kerngehäuse entfernen und die Birnen in Spalten schneiden.

Kartoffeln und Möhren abgießen, Kartoffeln pellen, in Spalten schneiden und salzen. Kartoffeln, Möhren, Birnen und die gehackten Nüsse vorsichtig mischen.

Den Käse reiben, 100 g mit Joghurt, gemahlenen Nüssen und Eiern verquirlen. Mit Salz und Curry würzen.

Die Kartoffelmischung und Joghurtmasse abwechselnd in eine gefettete Form füllen. Zum Schluss den restlichen Käse darüber streuen.

Den Auflauf abgedeckt im vorgeheizten Backofen (E-Herd: 175 Grad/Gasherd: Stufe 2) ca. 45 Minuten garen. In den letzten drei Minuten offen garen. Evtl. mit Petersilienblättchen garnieren.

Zubereitungszeit 90 Minuten

Ofenkartoffeln

Zutaten (für 4 Portionen)

4 große, mehlige Kartoffeln

2 Schalotten oder 1 Zwiebel, gewürfelt

2 Rosmarinzweige

je 1 Thymian- und Majoranzweig

(10 Blättchen)

1 Lorbeerblatt

2 Knoblauchzehen

1 TL Meersalz

4 EL Frischkäse

60 g Olivenöl

40 g Sahne

30 g Butter

100 g geraffelten Käse (z. B. Comté,

mittelalter Holländer oder Emmentaler)

330 ml Geflügelfond

4 große küchenfertige Garnelen

4 Scheiben Parmaschinken

500 g Meersalz

Salz, Pfeffer, Muskat

Zubereitung

Die Kartoffeln waschen, in der Mitte längs halbieren, mit etwas Meersalz (1 TL) einreiben und mit einem Löffel aushöhlen (ca. 5 mm Rand lassen).

Die Schalottenwürfel im Topf mit etwas Butter andünsten, Kartoffelreste dazugeben und mit dem Lorbeerblatt, den Majoranblättchen und dem Geflügelfond ca. 20 Minuten weich kochen.

Die Kartoffelmasse mit Frischkäse, Olivenöl, Butter, Sahne und der Hälfte des geraffelten Käses zu einem Kartoffelpüree verarbeiten.

Die kurz in Knoblauchöl marinierten Garnelen in die Kartoffeln füllen und mit dem Püree umgeben. Mit dem restlichen Käse bestreuen, auf einem Meersalzsockel mit Knoblauch und Kräutern (Rosmarin/Thymian) anrichten und im vorgeheizten Ofen ca. 20-25 Minuten bei 180 Grad fertig backen.

Den Schinken kross braten und die Ofenkartoffeln mit den krossen Schinkenscheiben garniert servieren

Zubereitungszeit 45 Minuten

Kartoffel-Spargelchalotte mit Räucherlachs

Zutaten (für 4 Portionen)

4 mittelgroße, mehlige Kartoffeln

500 g grüner Spargel (Mini-Spargel)

80 g Butter

60 g Sahne

Schnittlauch, Petersilie

Salz, Pfeffer

250 g Räucherlachs

2 Karotten

150 g herzhafter Schnittkäse (z. B. Comté oder Emmentaler), in feine Würfel geschnitten

Zubereitung

Kartoffeln schälen und in Salzwasser gar kochen, ausdampfen lassen und mit einer Gabel zerdrücken. Kalte Butter, Sahne, Kräuter und den Käse hinzugeben und das Ganze zu einer lockeren Kartoffel-Käse-Masse vermengen und würzen.

Spargel in Salzwasser kurz blanchieren und in Eiswasser abschrecken.

Etwas von der Kartoffelmasse in eine Ringform (Ø 6 cm) geben und den Spargel außen herum hineinstecken, dann die restliche Kartoffelmasse einfüllen.

Die Karotten in feine Streifen schneiden und bei 150 Grad in heißem Öl frittieren. Die Chalotte im vorgeheizten Ofen bei 120 Grad unter einer Folie 20 Minuten sanft erhitzen.

Räucherlachs in dünne Scheiben schneiden und auf einem Teller anrichten. Die Spargelchalotte mit dem Käse darauf setzen und mit dem Karottenstroh vollenden.

Zubereitungszeit 60 Minuten

Spargel-Kartoffel-Auflauf

Zutaten (für 4 Personen)

800 g festkochende Kartoffeln

1 kg grüner Spargel

300 g gekochter Schinken

Butter für die Form

300 g Crème fraîche

100 g geriebener Käse (z. B. Allgäuer Emmentaler oder Comté)

1 Knoblauchzehe

Salz, gemahlener Pfeffer

Zubereitung

Das untere Drittel des grünen Spargel schälen, in 3-4 cm lange Stücke schneiden und in siedendem Salzwasser 5-10 Minuten garen und erkalten lassen.

Kartoffeln waschen und in der Schale kochen, kurz mit kaltem Wasser abschrecken, pellen und, etwas abgekühlt, in dünne Scheiben schneiden.

Schinken klein würfeln.

Eine feuerfeste Form ausbuttern und Spargelstücke mit Kartoffelscheiben und Schinken schichtweise in die Form geben.

Crème fraîche mit Salz, Pfeffer und gepresstem Knoblauch würzen und über dem Auflauf verteilen. Zuletzt den geriebenen Emmentaler darüber streuen. Den Auflauf im vorgeheizten Backofen bei 180-200 Grad ca. 20 Minuten backen.

Zubereitungszeit: 50 Minuten

Sahnige Püreelocken auf Schweinelende, gratiniert mit Edamer

Zutaten (für 4 Personen)

800 g mehligkochende Kartoffeln

80 g Butter

2 Eigelb

150 g Schmand

150 g Edamer, fein geriebenen

2 Schweinefilets

1 ½ l Gemüsebrühe

1 Knoblauchzehe

500 g Blattspinat

40 g Butterschmalz

Salz, gemahlenen Pfeffer, Muskatnuss (frisch gerieben)

Zubereitung

Kartoffeln schälen, grob würfeln und in Salzwasser garen, gut abdampfen lassen. Durch die Kartoffelpresse drücken und mit Eigelb, Butter, Schmand und Edamer glatt rühren.

Schweinefilets in siedender Gemüsebrühe 15 Minuten gar ziehen lassen.

In einer Kasserolle Butterschmalz schmelzen, den zerdrückten Knoblauch zugeben und den tropfnassen Spinat darin zusammenfallen lassen. Salzen, pfeffern und mit frisch geriebener Muskatnuss abschmecken. Spinat in eine längliche, mit Butter gefettete Gratinform füllen.

Die Schweinelendchen auf den Spinat legen. Mit der großen Sterntülle eines Spritzbeutels aus der Kartoffelmasse Wellen auf die Filets spritzen und den geriebenen Edamer darüber geben. Unter dem Grill gratinieren, bis die Spitzen des Kartoffelpürees goldbraun werden.

Zubereitungszeit: 30 Minuten

Spargelragout auf Kartoffeln

Zutaten (für 4 Portionen)

8 große Kartoffeln

600 g Spargel

50 g Butter

30 g Mehl

⅛ l Sahne

⅛ l halbtrockener Weißwein

Salz, gemahlenen Pfeffer, Muskat

1 EL Schnittlauchröllchen

200 g gekochter Schinken

100 g geriebener Emmentaler

Salz, 1 TL Zucker

Zubereitung

Die am Vortag geschälten und gekochten Kartoffeln vorsichtig bis auf einen etwa ½ Zentimeter dicken Rand aushöhlen und in eine ausgebutterte feuerfeste Form setzen.

Spargel schälen, putzen und in etwa 1 cm große Stücke schneiden. Wasser, Salz und Zucker zum Kochen bringen, die Spargelstücke darin bissfest kochen und auf Küchenkrepp abtropfen lassen.

Butter zerlassen, Mehl mit dem Schneebesen einrühren und kurz anschwitzen. Mit Spargelsud ablöschen. Wein und Sahne unterrühren und die Sauce 8-10 Minuten köcheln lassen. Mit Salz, Pfeffer und Muskat würzen, den Schnittlauch zufügen.

Den Schinken in kleine Stücke schneiden und zusammen mit den Spargelstücken unter die Sauce heben.

Das Ragout in die Kartoffeln füllen, mit Käse bestreuen und im vorgeheizten Backofen bei 180 Grad auf der 2. Schiene von unten 20-30 Minuten überbacken.

Zubereitungszeit: 75 Minuten

Anmerkung: Dieses leichte, frühsommerliche Gericht lässt sich an den ersten warmen Tagen im Jahr auch gut ohne Fleischbeilage servieren.

Wirsingroulade mit Hackfleischfüllung und Petersilienwurzel-Kartoffelpüree

Zutaten (für 2 Portionen)

280 g Hackfleisch halb und halb

4 Wirsingblätter aus dem Inneren des Kopfes

1 Petersilienwurzel

3 mittelgroße Kartoffeln

80 g Rotwurst

1 Ei

½ EL Petersilie, ½ TL Schnittlauch,

1 EL Sonnenblumenkerne

1 rote Zwiebel

30 g Butter

⅛ l Milch

1 Knoblauchzehe

200 ml Gemüsefond

Minze

Salz, Pfeffer, Muskat

Zubereitung

Den Strunk der Wirsingblätter großzügig ausschneiden, Blätter in leicht gesalzenem Wasser blanchieren, gut abtropfen lassen. Petersilie und Schnittlauch säubern, fein schneiden. Knoblauch schälen, fein würfeln. Zwiebel schälen, in feine Würfel schneiden. Sonnenblumenkerne leicht anrösten. Rotwurst schälen, klein würfeln. Petersilienwurzel und Kartoffeln schälen, in Scheiben schneiden. Hackfleisch mit Ei, Petersilie, Schnittlauch, Zwiebeln und Sonnenblumenkernen gut vermengen, mit Salz und Pfeffer würzen, Knoblauch und Rotwurstwürfel unterheben.

Je 2 Wirsingblätter ineinander legen, mit Hackmasse gut bestreichen, einrollen, mit einem Faden zusammenbinden, auch die Enden schließen. Pfanne erhitzen, mit Gemüsefond angießen, Rouladen einlegen.

Rouladen im Ofen bei 160-170 Grad ca. 18-20 Minuten garen.

Kartoffel- und Petersilienwurzelscheiben kochen, etwas ausdampfen lassen. Milch erwärmen. Kartoffel- und Petersilienwurzelscheiben in die erwärmte Milch pressen, mit einem Holzlöffel glatt rühren, Butterflocken unterheben, mit Salz und Muskat würzen.

Rouladen aus dem Ofen nehmen, Bindfaden entfernen und in schräge Scheiben schneiden. Zum Anrichten die Scheiben auf flache Teller legen, mit Soße überziehen, mit einem Suppenlöffel Püreenocken anstechen und dazu anrichten. Abschließend die Rouladenscheiben mit etwas zerlassener Butter beträufeln und mit Minze garnieren.

Zubereitungszeit: 60 Minuten

Wirsingroulade mit Salzkartoffeln und Kümmelsauce

Zutaten (für 4 Personen)

1 kg festkochende Kartoffeln

Für die Rouladen

1 Wirsingkohl

300 g Schweinehack

2 altbackene Brötchen

2 Zwiebeln

Salz, frisch gemahlener Pfeffer, geriebene Muskatnuss

2 EL Kokosfett

⅛ l Fleischbrühe

Für die Sauce:

Bratenfonds

½ TL Kümmel

⅛ l Sahne

1 TL Tomatenmark

Salz, frisch gemahlener Pfeffer,

1 Prise edelsüßes Paprikapulver

Zubereitung

Den Wirsingkohl putzen, waschen, Blatt für Blatt auseinander nehmen, von den schönsten 8 Blättern die unteren Enden des Mittelstrunks entfernen und die Blätter in kochendem Salzwasser 3-4 Minuten blanchieren. Auf Küchenkrepp abtropfen und abkühlen lassen.

Für die Füllung Schweinehack mit den eingeweichten, ausgedrückten Brötchen gut verkneten. Die klein geschnittene Zwiebel, Eier, Salz, Pfeffer, Muskat und Paprikapulver dazugeben und gut vermischen. Kleine Portionen in die Wirsingblätter füllen, die Blätter zusammenrollen und mit einem Holzstäbchen feststecken.

In einer Kasserolle das Kokosfett erhitzen und die Rouladen darin von allen Seiten kräftig anbraten, mit der Fleischbrühe ablöschen und etwa 20 Minuten garen lassen. Dann die Rouladen herausnehmen und warm stellen.

Die Kartoffeln schälen, vierteln und in Salzwasser ca. 20 Minuten kochen, abschütten und im Topf ausdämpfen lassen.

Den Bratenfond einkochen lassen, den Kümmel dazugeben, mit der Sahne löschen und mit Tomatenmark und den Gewürzen abschmecken.

Die Wirsingrouladen auf vorgewärmten Tellern mit den Salzkartoffeln anrichten und mit der Sauce umkränzen.

Zubereitungszeit: 60 Minuten

Schweinerücken mit Rucola-Spargelfüllung und neuen Kartoffeln

Zutaten (für 2 Personen)

4 mittelgroße neue Kartoffeln

400 g ausgelöster, glatt parierter Schweinerücken

5 Stangen weißer Spargel

5 Stangen grüner Spargel

80 g feine Bratwurst

⅛ l Sauerrahm

1 Tomate

½ EL in Röllchen geschnittener Schnittlauch,

½ EL fein gehackte Petersilie, ½ Schale Kresse

½ Knoblauchzehe

2 EL Rucola

1 ½ EL Butterschmalz

8 Pfefferkörner, 2 Lorbeerblätter,

½ EL Rosmarinnadeln

¾ l Gemüsefond

Salz, gemahlener Pfeffer

Zubereitung

Den weißen Spargel vom Kopf nach unten schälen, den grünen Spargel vom letzten Drittel an nach unten schälen. Rucola waschen, fein schneiden, Bratwurstbrät aus dem Darm streichen, mit Rucola gut vermengen. Kresse abschneiden, Tomaten abziehen, entkernen, in Würfel schneiden.

Kartoffeln waschen, in Kümmelwasser kochen. In den Schweinerücken von beiden Enden aus eine Tasche schneiden, mit einer Palette Brät in die Öffnung streichen, Stangenspargel einschieben bis die Tasche gut gefüllt ist, anschließend das Fleisch mit Pfeffer würzen.

Knoblauch schälen, fein würfeln und mit Sauerrahm, Schnittlauch und Petersilie gut vermengen, dann mit Salz und Pfeffer würzen.

Den glatt parierten (von Häutchen und Sehnen befreiten) Schweinerücken in Butterschmalz rundum anbraten. Pfefferkörner, Lorbeer, Rosmarin dazugeben, mit Gemüsefond aufgießen und im Ofen bei 180 Grad ca. 20 Minuten ziehen lassen. Danach die Hitze auf 160 Grad zurück nehmen und weitere 15 bis 20 Minuten fertig garen lassen.

Den Schweinerücken aus dem Ofen nehmen und in Scheiben schneiden.

Die Tomatenwürfel in Butterschmalz kurz anschwenken, die Kartoffeln kreuzweise einschneiden, mit beiden Daumen aufdrücken.

Zum Anrichten dieses attraktiven Gerichts, das sich aber dennoch problemlos zubereiten lässt, die Kartoffeln auf flache Teller setzen, Kräuter-Sauerrahm darüber gießen, Tomaten darauf anhäufeln und mit Kresse bestreuen, die Soße als Spiegel daneben angießen, Fleischscheiben darauf legen und mit Kresse garnieren.

Zubereitungszeit: 80 Minuten

Folienkartoffeln mit Lachscreme

Zutaten (für 4 Portionen)

*8 mittelgroße mehligkochende
(Früh-)Kartoffeln
2-3 EL Öl
1 mittelgroße rote Zwiebel
½ Bund Schnittlauch
200 g frisches Lachsfilet
je 1 EL Zitronen- und Orangensaft
½ TL edelsüßes Paprikapulver
125 g Frischkäse
1 TL geriebenen Meerrettich aus dem Glas
Salz, frisch gemahlenen Pfeffer, etwas roten
Pfeffer*

Zubereitung

Die Kartoffeln gründlich waschen. Jede Kartoffel dünn mit Öl (gut geeignet ist Rapsöl) bepinseln und in Alufolie packen, anschließend die Kartoffelpäckchen auf den Backofenrost legen.

Die Kartoffeln im vorgeheizten Backofen bei 200 Grad (Gasherd Stufe 3, Umluftherd 180 Grad auf der mittleren Schiene ca. 40 Minuten backen.

Die Zwiebel schälen und fein würfeln und den Schnittlauch in Röllchen schneiden.

Den Lachs von restlichen Gräten befreien und in sehr feine Würfel schneiden.

Die Lachswürfel mit den Zwiebelstückchen und Schnittlauchröllchen, dem Zitronen- und Orangensaft, dem Paprikapulver und dem Öl mischen. Anschließend diese Lachsmasse mit Klarsichtfolie abdecken und für mindestens 1 Stunde in den Kühlschrank stellen. Danach die Lachsmasse mit Frischkäse und Meerrettich mischen und mit Salz und Pfeffer abschmecken.

Die fertigen Kartoffeln aus der Alufolie nehmen und auf Teller legen. Mit der Gabel aufdrücken. Jeweils eine Portion Lachscreme dazu geben, mit rotem Pfeffer bestreuen.

Zubereitungszeit: 45 Minuten

Forellenfilet in Kartoffelpüree-Weichkäse-Kruste

Zutaten (für 4 Personen)

6 mehligkochende Kartoffeln
4 Forellen (vom Fischhändler filetiert und enthäutet)
1 EL Butter
Salz, frisch gemahlener Pfeffer, Muskatnuss gemahlen
200 g Brie
2 Eigelb
etwas Butter zum Ausstreichen der Gratinform
1 Zweig Estragon
1 Limette

Zubereitung

Die Forellenfilets in Butter kurz andünsten und beiseite stellen.

Die Kartoffeln schälen und im Salzwasser garen, danach stampfen.

Den Brie klein schneiden und unter den Kartoffelbrei geben, alles mit Salz, Pfeffer und Muskat abschmecken.

Eine große Gratinform ausbuttern, auf dem Boden vier Streifen Püree dünn ausstreichen. Jeweils ein Filet darauf legen, dann mit gehacktem Estragon bestreuen, mit Limettenscheiben belegen und leicht salzen. Die anderen Filets wiederum darauf legen und das Ganze mit dem restlichen Püree bestreichen.

Das Gratin im Backofen bei 250 Grad (Gasherd Stufe 5) ca. 10 Minuten backen.

Zubereitungszeit: 35 Minuten

Anmerkung: Als Beilage eignet sich ein Salat der Saison, als Getränk ein trockener Weißwein.

Lammfilet mit Kräutern, Kartoffelgratin und Bohnen

Zutaten (für 4 Personen)
Für die Filets:

500 g Lammfilet
Salz, frisch gemahlener Pfeffer
je 1 EL Butterschmalz und Butter
1 Knoblauchzehe
1 EL gehackte Petersilie, 1 TL Thymian,
1 TL Oregano

Für das Kartoffelgratin:

500 g Kartoffeln
Butter für die Form
¼ l Milch
100 g Sahne
Knoblauch, Salz, Pfeffer, Muskat

Für die Bohnen:

400 g Bohnen
40 g Butter

Zubereitung

Die Lammfilet mit Salz und Pfeffer würzen und in Butterschmalz braten. Butter, zerdrückte Knoblauchzehe und Kräuter zugeben und kurz mit braten.

Für das Gratin die Kartoffeln schälen und in Scheiben geschnitten in eine gebutterte Auflaufform schichten. Die Milch mit der Sahne und den Gewürzen mischen und damit die Kartoffelscheiben begießen. Das Gratin im vorgeheizten Backofen bei 160 Grad gut 20 Minuten garen.

Zwischenzeitlich die Bohnen putzen, im Salzwasser blanchieren, abtropfen lassen und in Butter schwenken.

Zum Servieren die Filets und Bohnen auf Tellern mit einer Scheibe Zitrone, Kräutern und evt. geschmorten halbierten Kirschtomaten anrichten und das Gratin separat dazu reichen.

Zubereitungszeit: 45 Minuten

Grünkohl mit Gänsebrust

Zutaten (für 4 Personen)

750 g Kartoffeln
75 g Butter
2 mittelgroße Grünkohlstauden
1 große Zwiebel
50 g Mehl
Salz, frisch gemahlener Pfeffer
frisch geriebener Muskat

Zubereitung

Die Zwiebel schälen und in feine Ringe schneiden, den Grünkohl entblättern, waschen, fein schneiden und beides zusammen in sprudelndem Salzwasser blanchieren.

Die Kartoffeln schälen und etwa 20 Minuten im siedenden Salzwasser kochen.

In der Zwischenzeit die Gänsebrüste würzen, auf der Hautseite anbraten und im vorgeheizten Backofen bei 200 Grad etwa 25 - 30 Minuten braten.

Das Bratenfett abschöpfen, mit der Butter in eine Kasserolle geben, das Mehl dazu geben, eine Schwitze bereiten. Vom Grünkohlfond etwa 1/4 Liter nehmen und damit die Mehlschwitze ablöschen.

Die Schwitze etwa 10 Minuten einkochen lassen, den blanchierten Grünkohl unterheben und mit den Gewürzen abschmecken.

Die fertige Gänsebrust vor dem Aufschneiden abgedeckt etwas ruhen lassen.

Zum Servieren die Gänsebrustscheiben mit dem Grünkohl auf Tellern anrichten und die Salzkartoffeln separat dazu reichen.

Zubereitungszeit: 70 Minuten

Gulasch im Kartoffelrand

Zutaten (für 4 Personen)

800 g Schweinefleisch aus der Nuss
30 g Butterschmalz
250 g rohe Zwiebeln
Salz, frisch gemahlener Pfeffer
½ TL Majoran
1 TL Rosenpaprika
1 kleine Dose Tomaten
2 grüne Paprikaschoten
500 g Champignons
¼ l Fleischbrühe
1 Paket Kartoffelpüree
1 Eigelb

Zubereitung

Das Schweinefleisch in Würfel schneiden.
In einem Bräter Butterschmalz erhitzen und das
Fleisch darin anbraten. Die Zwiebeln achteln

und zufügen und alles mit Pfeffer, Salz, Majoran
und Rosenpaprika abschmecken. Dann die Tomaten zugeben und zugedeckt im Ofen 30 Minuten bei ca. 200 Grad schmoren.

Die Paprika vom Kerngehäuse befreien und
grob würfeln, die Champignons halbieren und
beide Gemüse in den Bräter geben, alles Fleischbrühe aufgießen und weitere 20 Minuten garen.

Das Kartoffelpüree mit etwas weniger Wasser
als nach Packungsangabe zubereiten.

Die Kartoffelmasse in einen Spritzbeutel füllen
und auf große feuerfeste Teller einen Rand
spritze, mit Eigelb bestreichen und etwa 5 Minuten bei 200 Grad überbacken.

Zum Servieren abschließend das Gulasch in die
Tellermitte geben.

Zubereitungszeit: 65 Minuten

Gekräutertes Lammfilet mit Röstkartoffeln

Zutaten (für 4 Personen)

750 g festkochende Kartoffeln
250 g Champignons
3 Scheiben Toastbrot
4 EL gehackte Zitronenmelisse
5 EL gehackte Petersilie
60 g geraspelter Allgäuer Emmentaler
Salz, frisch gemahlener Pfeffer
6 EL Öl
4 Lammrückenfilets à 150 g
2 EL körniger Senf

Zubereitung

Die Kartoffeln waschen und mit der Schale ca. 20 Minuten kochen, dann pellen und vierteln.

Die Champignons waschen, putzen und je nach Größe halbieren oder vierteln.

Das Toastbrot entrinden und in der Küchenmaschine zerkleinern, auf ein Backblech geben, und im vorgeheizten Backofen bei 200 Grad ca. 5 Minuten rösten.

Die Brösel herausnehmen, auf einen Teller geben, die Kräuter und den Allgäuer Emmentaler untermischen.

Die geviertelten Kartoffeln und die Pilze salzen, pfeffern und mit 5 Esslöffeln Öl auf eine Fettfangschale geben und im Ofen ca. 10 Minuten braten.

Die Lammfilets waschen, trocken tupfen, würzen und im restlichen heißen Öl ca. 5 Minuten braten. Die Filets herausnehmen, etwas abkühlen lassen, mit Senf bestreichen und in der Bröselmischung wälzen, dabei leicht andrücken. Die panierten Filets auf das Gemüse setzen und alles 2-3 Minuten überbacken.

Zubereitungszeit: 45 Minuten

Warme Zwiebeln mit Matjessalat und Bratkartoffeln

Zutaten (für 4 Personen)

Für die gefüllten Zwiebeln:

8 mittelgroße rote Zwiebeln

¼ l Weißwein

Lorbeerblätter

Schwarze Pfefferkörner, Senfkörner

Für den Matjessalat:

8 zarte Matjesfilets

2 Becher Crème fraîche

4 EL frische Milch

3 Äpfel

4 kleine Essiggurken

Salz, frisch gemahlener Pfeffer

Zitronensaft

Worcestersauce

2 EL gehackter Dill

Für die Kartoffeln:

750 g festkochende Kartoffeln

4 EL Butterschmalz

2 Zwiebeln

Salz, frisch gemahlener Pfeffer

Zubereitung

Die Zwiebeln putzen und aushöhlen, so dass nur noch ein Rand von 2 Zwiebelringen stehen bleibt. Das Innere für den Matjessalat aufbewahren. Den Weißwein und ½ l Wasser mit den Gewürzen aufsetzen, zum Kochen bringen, die Zwiebeln darin knackig garen, abtropfen lassen und mit Alufolie bedeckt warm halten.

Die Matjesfilets von restlichen Gräten befreien und in schmale Streifen schneiden. Aus Crème fraîche und Milch eine Sauce rühren, die fein gehackten Zwiebeln, die in feine Streifen geschnittenen Äpfel und die fein gewürfelten Gurken zufügen, gut mischen und mit Pfeffer, Zitronensaft, Salz und Worcestersauce abschmecken. Die Matjesstreifen unterheben und den gehackten Dill darüber streuen.

Die Kartoffeln in der Schale kochen, pellen, abkühlen lassen und in feine Scheiben schneiden. Die Zwiebeln sehr fein wiegen, mit den Kartoffeln in Butterschmalz goldbraun braten, mit Salz und Pfeffer abschmecken.

Die noch warmen Zwiebeln mit Matjessalat füllen und mit dem restlichen Salat zusammen servieren. Die Bratkartoffeln getrennt dazu reichen.

Zubereitungszeit: 45 Minuten

Forellenfilets auf Chinakohl

Zutaten (für 4 Personen)

4 Forellenfilets (à ca. 80 g)
750 ml Wasser
1 Zwiebel
1 Zitrone
1-2 Lorbeerblätter
6-8 Pfefferkörner
Salz
750 g kleine festkochende Kartoffeln
600 g Chinakohl (1 mittelgroßer Kopf)
1 Zwiebel
1 EL Butter
1 Prise Salz
⅛ l Weißwein
½ Bund Petersilie
1 Zitrone, in Scheiben geschnitten
zur Garnitur

Zubereitung

Für das Chinakohlbett die Zwiebel schälen und klein hacken. Den Chinakohl längs halbieren, den Strunk entfernen. Die Blätter waschen, trocknen und klein schneiden. Die Butter in einem Topf zerlassen, die Zwiebelwürfel darin glasig braten. Den Chinakohl dazugeben, unter wenden kurz mit andünsten, das Salz und den Weißwein hinzufügen. Das Gemüse im geschlossenen Topf bei milder Hitze höchstens 15 Minuten dünsten, damit es nicht zu weich wird. Zum Schluss die fein gehackte Petersilie unterheben.

Die Kartoffeln säubern und im Salzwasser 20 Minuten garen lassen.

Den Fisch säubern. Für den Sud die Zitrone waschen und in dicke Scheiben schneiden, die Zwiebel pellen und in Spalten schneiden. Die Zitronenscheiben, die Zwiebelspalten, Salz, Lorbeer und Pfefferkörner im Wasser aufkochen lassen. Den Fisch vorsichtig hinzufügen und bei schwacher Hitze 3 bis 4 Minuten gar ziehen lassen.

Zum Servieren das Chinakohlgemüse auf Tellern anrichten, den Fisch aus dem Sud nehmen und auf den Kohl geben, mit einer Scheibe Zitrone garnieren und die ausgedämpften Pellkartoffeln separat dazu reichen.

Zubereitungszeit: 40 Minuten

Gebackene Kartoffeln mit Rucolapesto

Zutaten (für 4 Personen)

700 g mittelgroße festkochende Kartoffeln

1 Knoblauchzehe

2 EL Öl

*1 TL Salz, Zitronenpfeffer, einige
Rosmarinnadeln*

Für das Pesto:

80 g Rucola

1 Bund Petersilie

3 Knoblauchzehen

50 g geschälte Mandeln

125 ml Öl

80 g fein geriebener Bergkäse

Salz, frisch gemahlener Pfeffer

Zubereitung

Die Frühkartoffeln unter fließendem Wasser gründlich säubern, falls nötig dazu eine Bürste dazu nehmen. Kartoffeln längs halbieren, die Rundung einige Male einritzen. Dann die Kartoffeln mit der Schnittfläche auf ein mit Backpapier belegtes Blech legen. Die Knoblauchzehe schälen und fein zerdrücken, mit Öl und Salz verrühren. Die Kartoffeln mit dieser Ölmischung bepinseln, mit Zitronenpfeffer und Rosmarinnadeln bestreuen. Auf der mittleren Schiene des auf 200 Grad vorgeheizten Backofens ca. 25 Minuten backen.

Für das Pesto Rucola und Petersilie waschen, grobe Stiele entfernen und gründlich trocknen. Die Knoblauchzehen schälen. Dann Rucola, Petersilie, Knoblauch und Mandeln zusammen mit dem Öl im Mixer oder mit dem Pürierstab pürieren, mit dem geriebenen Käse verrühren und mit Salz und Pfeffer abschmecken.

Zubereitungszeit: 35 Minuten

Gefüllte Kartoffelklöße auf rotem rotem Zwiebel-Thymian-Gemüse

Zutaten (für 4 Personen)
Für die Klöße:

je 500 g rohe und gekochte Kartoffeln
2 EL Kartoffelstärke
1 Ei
Salz, frisch gemahlenen Pfeffer, Muskat
150 g gemischtes Hackfleisch
100 g Zwiebelwürfel
100 g Bauchspeckwürfel
Salz, frisch gemahlenen Pfeffer, Majoran
Semmelbrösel

Für das Zwiebelgemüse:

750 g rote Zwiebeln
⅛ l Gemüsebrühe
1 EL Butter
Thymianzweige

Zubereitung

Die Kartoffeln und mit der Reibe fein reiben. Zwiebeln und Speck in Öl angehen lassen, das Hackfleisch zugeben, krümelig braten, mit Majoran, Salz und Pfeffer würzen, abkühlen lassen. Die rohen mit den gekochten Kartoffeln gut vermengen, Ei, Stärke, Salz und Pfeffer sowie Muskat zugeben und gut durcharbeiten. Die Kloßmasse auf die Handfläche geben, etwas von der Hackfleischmasse darauf geben, verschließen und zu Klößen formen.

Die Klöße in kochendes Salzwasser geben und sechs bis acht Minuten durchziehen lassen.

Die Zwiebeln schälen und in Streifen schneiden. Butter in der Pfanne erhitzen, die Zwiebeln darin andünsten, die fein gerupften Thymianzweige zugeben, mit der Brühe ablöschen und bissfest garen.

Zum Servieren das Zwiebelgemüse auf Tellern anrichten, zwei bis drei Klöße darauf geben und diese mit gerösteten Semmelbröseln garnieren.

Zubereitungszeit: 35 Minuten

Kalbsschnitzel mit Pilzragout und Kartoffelklößen

Zutaten (für 4 Personen)
Für die Klöße:

1 kg mehligkochende Kartoffeln
80-150 g Mehl (je nach Bindekraft
der Kartoffeln)
2 Eier
etwas geriebene Muskatnuss
3 l Wasser
1 TL Salz
1 Brötchen
1 EL Butter

Für Schnitzel und Ragout:

8 Kalbsschnitzel à 70-80 g
20 g Butterschmalz
400 g Champignons
400 g
100 g Zwiebeln
40 g Öl
10 g Weizenmehl
40 g Sahne

Zubereitung

Die Kartoffeln in der Schale 20 Minuten in Salzwasser garen, pellen und auf eine Arbeitsfläche durchpressen. Zunächst zwei Drittel des Mehls darüber sieben, die Eier mit Salz und Muskat verquirlen und dazu geben. Die Kartoffelmasse zusammen drücken und zu einem lockeren Teig kneten. Wenn erforderlich, weiteres Mehl dazu geben, damit ein nicht zu feuchter Teig entsteht, und mit bemehlten Händen eine Rolle von 7 Zentimetern Durchmesser daraus formen. Das Wasser mit dem Salz zum Kochen bringen. Die Brötchen in Würfel schneiden und die Butter goldgelb braten. Von der Teigrolle 2 Zentimeter dicke Scheiben abschneiden und mit bemehlten Händen Klöße daraus formen, dabei in jeden Kloß einige Brötchenwürfel drücken. Die Klöße ins leicht sprudelnd kochende Salzwasser legen und etwa 20 Minuten ziehen lassen. Wenn die Klöße an die Oberfläche steigen, sind sie gar. Dann die fertigen Klöße mit dem Schaumlöffel aus dem Wasser heben und abtropfen lassen.

Für das Pilzragout die Pilze putzen, die Zwiebel würfeln und in Öl glasig dünsten. Die Pilze dazugeben und bei schwacher Hitze mit Deckel etwa 10 Minuten dünsten. Mehl darüber streuen, 70 ml Wasser dazugeben, die Sahne darunter rühren und aufkochen lassen. Das Ragout mit Salz und Pfeffer abschmecken.

Die Kalbsschnitzel in Butterschmalz etwa 5 Minuten von beiden Seiten braten und mit Salz und Pfeffer würzen.

Zum Servieren auf jeden Teller zwei Kalbsschnitzel und zwei Klöße legen, das Pilzragout daran geben und alles mit ein wenig Petersilie garnieren.

Zubereitungszeit: 75 Minuten

Kartoffelplätzchen

Zutaten (für 8 Kartoffelplätzchen)

4 große Kartoffeln
1 EL klein geschnittene glatte Petersilie
1 große Tomate
2 Eigelb
100 g Schafskäse
Salz, frisch gemahlener Pfeffer,
Muskat
2 EL Öl

Zubereitung

Die Kartoffeln schälen, durchpressen, Petersilie und Eigelb dazu geben.

Die Tomate überbrühen, enthäuten, entkernen, in kleine Würfel schneiden und zur Kartoffelmasse geben.

Den Schafskäse in kleine Stücke schneiden und ebenfalls unter die Kartoffelmasse heben.

Die Kartoffelmasse mit Salz, Pfeffer und Muskat würzen und auf einem bemehlten Brett zu einer Rolle formen. Aus der Rolle Plätzchen schneiden.

Die Kartoffelplätzchen in einer Pfanne in heißem Öl goldbraun braten

Zubereitungszeit: 30 Minuten

Rinderhüftsteaks mit Pellkartoffeln auf Paprikasauce

Zutaten (für 4 Personen)

750 g kleine festkochende Kartoffeln
4 kleine Rinderhüftsteaks (à 80 g)
5 EL Öl
1 rote und 1 gelbe Paprika
Salz, frisch gemahlener Pfeffer
1 kleine Dose Tomaten
¼ l Bratenfond

Zubereitung

Die Paprikaschoten putzen, entkernen, in kleine Stücke würfeln und in der Pfanne andünsten, mit Salz und Pfeffer würzen.

Die Kartoffeln sauber bürsten und im Salzwasser 20 Minuten garen.

Den Bratenfond erhitzen, die Paprikawürfel hinein geben. Die Tomaten mit dem Saft durch ein Sieb streichen und die Paprikasauce damit binden.

Die Rinderhüftsteaks auf dem Grill beidseitig auf den Punkt (bzw. in der Pfanne in erhitztem Öl) garen, erst danach salzen und pfeffern.

Zum Servieren die Paprikasauce auf Tellern anrichten, je ein Rinderhüftsteak darauf geben und die Pellkartoffeln, evtl. mit angeschmorten kleinen Knoblauchzehen garniert, separat dazu reichen.

Zubereitungszeit: 30 Minuten

Register

Beilagen

Thüringer Klöße   122

Kartoffelpuffer mit Spargelsalat   124

Westfälischer Schinken auf Kartoffelpuffer mit Petersiliensauerrahm   124

Kartoffelpuffer   126

Kartoffelsalat   126

Kartoffelrisotto   128

Gefüllte Kartoffel   128

Kartoffel-Birnen-Rösti   130

Suppen und Eintöpfe

Bunte Kartoffelsuppe   132

Kartoffel-Kefir-Suppe   133

Updrögt Bohneneintopf   133

Kartoffelsuppe mit
Äpfeln und Steinpilzen   134

Bunter Rindfleischeintopf   134

Rindfleisch-Gemüse-Eintopf   136

Kartoffelsuppe mit geräucherter
Putenbrust   137

Tilsiter Rösti mit Geflügelsalat   138

Krabben-Kartoffel-Salat   138

Schnelle Kartoffelpfanne   140

Walnuss-Kartoffel-Röllchen   140

Backkartoffeln mit grüner Sauce   142

Sauerkraut-Kartoffelrösti   143

Hauptgerichte

Schweinekotelett mit Rosenkohl-
Kartoffel-Püree   144

Kartoffelauflauf   144

Ofenkartoffeln   146

Kartoffel-Spargelchalotte mit
Räucherlachs   148

Spargel-Kartoffel-Auflauf   150

Sahnige Püreelocken auf Schweine-
lende, gratiniert mit Edamer   150

Spargelragout auf Kartoffeln   152

Wirsingroulade mit Hackfleisch-
füllung und Petersilienwurzel-
Kartoffelpüree   154

Wirsingroulade mit Salzkartoffeln
und Kümmelsauce   154

Schweinerücken mit Rucola-
Spargelfüllung und neuen Kartoffeln   156

Folienkartoffeln mit Lachscreme   157

Forellenfilet in Kartoffelpüree-
Weichkäse-Kruste   158

Lammfilet mit Kräutern,
Kartoffelgratin und Bohnen   159

Grünkohl mit Gänsebrust   160

Gulasch im Kartoffelrand   161

Gekräutertes Lammfilet mit
Röstkartoffeln   162

Warme Zwiebeln mit Matjessalat
und Bratkartoffeln   164

Forellenfilets auf Chinakohl   166

Gebackene Kartoffeln mit
Rucolapesto   168

Gefüllte Kartoffelklöße auf
rotem Zwiebel-Thymian-Gemüse   169

Kalbsschnitzel mit Pilzragout
und Kartoffelklößen   170

Kartoffelplätzchen   172

Rinderhüftsteaks mit Pellkartoffeln
auf Paprikasauce   173

Fotonachweis

Akg-images
        Seite 6/7, 8/9
Bayerisches Staatsministerium für Landwirtschaft und Forsten
        Seite 79
CIP – Centro Internacional de la Papa
        Seite 14, 16, 17, 20, 21, 23, 28, 29, 30, 31, 34, 35 (3x), 36, 37, 39 (2x), 42,
        44, 45 (3x), 46, 47 (3x), 48,49, 84, 103
CIP/R.Zachmann
        Seite 15
CMA – Centrale Marketing Gesellschaft der Deutschen Agrarwirtschaft
        Seite 18, 55, 63, 86, 101, 109, 114, 116-119, 124, 126, 128, 129, 134, 137,
        138,139, 142,143, 144, 145, 154, 157, 159, 160, 161, 162, 163, 165, 167, 169,
        170, 171, 173, 174, 175
Comté   Seite 133, 147, 149, 151
Deutsche Post AG
        Seite 13
dpa   Seite 26/27, 68, 70, 72, 74, 78, 92, 93, 94
Friese   Seite 43
NZO - Nederlandse Zuivel Organisatie
        Seite 141, 153
Otzen, Hans
        Seite 10, 32,33, 69, 76, 90, 95, 104, 105, 108